人材紹介のプロが教える

発達障害の人の
ビジネススキル講座

石井京子・池嶋貫二 著

弘文堂

はじめに

　2010年7月、発達障害を持つ方に向けた就活（就職活動）ガイドブックとして前作『発達障害の人の就活ノート』を出版しましたが、出版直後から読者の皆さんより「これまでこのように就職活動についてわかりやすく書いてある本はなかった」「具体的にどのように活動したらよいかがわかる」という声を数多くいただきました。
　そして出版から数ヶ月後には、今度は本を参考にして就職活動を開始した読者の方々から、「内定をもらった」「現在就職活動をこんなふうに進めている」という多くのお便りをいただくようになりました。『発達障害の人の就活ノート』が皆さんの就職活動のお役に立ったと聞いて、たいへん嬉しく思っています。

　発達障害を持ちながらも就職という難しいハードルを乗り越え、企業から内定を獲得した皆さん。慣れない就職活動に注いだ努力や一生懸命さを称えたいと思いますし、皆さんの就職を本当に嬉しく受け止めています。

　しかし、就職は決してゴールではなく、むしろ社会人として自立して生きるためのスタートです。学校などで、人との関係づくりに悩んできた発達障害を持つ人にとっては、企業や職場のルール、それも見えない暗黙のルールを理解するのは大変難しいことです。それでも、周囲の方の理解と本人の努力で解決できることも数多くあります。その努力の積み重ねと、行き詰まったときの頑張りが大事なのです。失敗したときや壁にぶつかったときに、辛いのは自分だけではないことを知ることが大

切です。そして、自分一人で悩まずに、上司や同僚、あるいは支援者に相談してみてください。解決方法を周囲の人たちと一緒に考えていくことが、安心して就労を続けることにつながっていきます。

　私は発達障害を持つ方の相談を受ける中で、就労を開始してからの課題や失敗談についてもさまざまなケースの話を聞きました。それらのケースには、就職支援に関わるコンサルタントとして気づいたことや、今後皆さんの課題解決のきっかけになるであろうと思われるヒントが多数ありました。

　本書では、発達障害を持つ方が意外に気づきにくい身だしなみや職場のルールから、頻繁に発生する交通機関トラブル時の対応、現代社会には欠かせないメールやインターネットの職場での扱い方についても解説しました。当たり前と思われる常識についても、発達障害を持つ皆さんが理解しやすい説明を付け加えています。

　本書が発達障害を持つ皆さんの今後の職業人生のさまざまなシーンで役に立ち、安心して働くことにつながるきっかけとなることを願っております。

テスコ・プレミアムサーチ株式会社

石井京子

目次

はじめに

第1章　就職、その心がまえ ……………………………… 1

社会人になるということ ……………………… 2
企業で求められるものとは ……………………… 4
会社の組織を知る ……………………………… 6
人事制度 ……………………………………… 10
仕事の評価を受ける …………………………… 12
会社の基本的なルール ………………………… 14
会社が負担するコスト ………………………… 17
働くことの意識 ………………………………… 18
会社員って職業？ ……………………………… 20
経験と資格 ……………………………………… 22
新入社員研修 …………………………………… 24
失敗から学ぶ …………………………………… 25
職場の関係 ……………………………………… 26
組織のルール …………………………………… 30
職場で活躍するために ………………………… 32
なぜあいさつが必要か？ ……………………… 34
情報セキュリティ ……………………………… 36

コラム　**安定した就労のために**　佐藤貴紀 ……… 38

第2章　仕事の実際 ……………………………… 43

服装・身だしなみ ……………………………… 44
遅刻は厳禁！ …………………………………… 48
あいさつを使い分ける ………………………… 52
就業時間中のマナー …………………………… 54

目次 v

進捗を報告する ……………………………… 56
困ったときの対処法 ………………………… 58
残業する？しない？ ………………………… 60
頼みごと、頼まれごと ……………………… 62
今日の仕事は何？ …………………………… 66
明日の仕事のために ………………………… 68
Mさん（30代・女性）の場合 ……………… 70
ナルヲさん（40代・女性）の場合 ………… 74

コラム　親の会「クローバー」の取組み　長田じゅん子 …… 78

第3章　ビジネスの基本マナー …………………… 83

会議・打合せの準備 ………………………… 84
お茶出しのマナー …………………………… 87
電話応対の基本 ……………………………… 88
電話応対のメモのとり方 …………………… 91
仕事のメモをとる …………………………… 94
来客応対のマナー …………………………… 97
名刺交換のマナー …………………………… 99
メールとインターネットの心得 …………… 102

コラム　コミュニケーションの上達のために　冠地情 ……108

第4章　人とのつきあい方 ………………………… 115

仕事の覚え方 ………………………………… 116
情報の取り扱い方 …………………………… 118
情報の確認 …………………………………… 121
社内情報のルール …………………………… 124
昼休みの過ごし方 …………………………… 125
飲み会のルール ……………………………… 126

	社交辞令 …………………………………………	130
	"怒り" のコントロール ……………………………	136
	ストレスのコントロール …………………………	139
	支援者とつながっておく …………………………	140
コラム	「雑談」の必要性　村上由美 …………………	142

第5章　職種を知ろう ……………………………… 149

	職種の中身を知る …………………………………	150
	エンジニア（機械加工・設計） …………………	152
	システムエンジニア、プログラマー ……………	156
	人事の仕事 …………………………………………	161
	経理の仕事 …………………………………………	166
	コールセンターの仕事 ……………………………	170
コラム	親の会「たつの子」の取組み　高妻富子 ……	174

おわりに

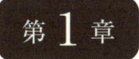

就職、その心がまえ

社会人になるということ

　晴れて社会人となる、あるいは社会人になろうとしている当事者の皆さんに、はじめに学生と社会人の違いを整理しておきましょう。

　学生は、端的にいえば、親の保護（収入）のもとに勉強だけをしていればよかったと言えます。少なくとも、卒業そして就職という目標以上の結果を求められることはありませんでした。

　一方、社会人になると、働いて収入を得る反面、税金（p.15）や年金、保険料を支払い、その義務を果たすことによって社会を構成する一員になります。そして初めて一人前の社会人として認められるのです。

社会の一員としての責任

　企業とは、利益を生み出すことが大前提の集団です。企業の経済活動により、市場競争や市場の活性化が生まれます。企業は社会の中で大きな役割を担っており、果たすべきその責任は社会、国家、地域社会、顧客、取引先、株主、社員などすべてにおよびます。

　あなたは学生時代にはある程度の自由が許されていたかもしれません。しかし、企業に所属するとその企業の社員としての看板を背負い、企業の規則に従って社風に染まらなければなりません。企業は利益を生み出すことが宿命であり、その企業の一員として成果（売上）をあげることが求められます。所属する会社や部署によって成果に対する考え方や業務内容は異なりますが、担当の業務が与えられ、自分の業務に対して責任をもって取組み、期待された成果をあげる使命は同じです。

個人の成果が求められる

　企業では努力の過程ではなく、結果が求められます。長時間残業をしてもよい結果を生み出せなければ、期待外れの人材と評価されます。逆にまったく残業をしなくても結果を生み出している人は評価されます。ことさら、成果主義を取り入れている企業では、給与や賞与の増減、最終的な昇進も、その評価によって決まります。入社時の最初のスタートラインは同じでも、数年経つと同期入社の中で仕事ができるかどうかにより、ポジション（職位）と給与に差がつきます。企業の中では、常に自分が評価されていることを意識して、結果を出すことを期待されていることを覚えておくとともに、絶え間ない努力を心がけましょう。

幅広い人間関係

　学生時代の人間関係は、ゼミの教授や同級生、先輩、後輩という限られたつながりしかありません。その範囲は極めて狭く、ヨコのつながりと言いきってもよいかもしれません。そして、自分の価値観で行動することも許されていました。

　一方、企業に入社すると、その企業のトップ、役員、社員すべてとの関係ができます。新人であるあなたは、企業というタテ社会の一番下からスタートすることになります。そして、その企業に所属する、あるいは関係する幅広い年齢層の人たちの指示のもとで仕事をしていくことになります。また、企業内では規則や社風に合わせた行動をとることが求められます。ときには会社や上司の判断があなたの正義と一致しないこともあるかもしれません。しかし、そのようなときでも、理由があっての判断であることを理解し、指示に従う柔軟さが求められます。

企業で求められるものとは

☑ 就社主義からの脱却

　日本では、戦後に制定された労働基準法が労働者の労働条件を向上させ、一つの会社に定年まで長く勤める「終身雇用」が一般的でした。1990年代になり、経営環境が厳しくなってからは一つの会社に勤めにくくなりました。大企業ではある程度の年齢になるとグループ会社などに出向いて働く「出向」や、定年前に退職すると退職金が割増しで支払われる早期退職勧奨制度などが多く見られるようになってきました。

　また、かつては「年功序列」という、勤続年数が長い順に役職が付き、高い給与が支払われるシステムが一般的でしたが、90年代に入ると年功よりもどれだけ成果をあげたかという「実力主義」で昇進させる会社が増えてきました。報酬面では年俸制が導入され、管理職もしくはすべての社員に適用している会社もあります。年俸制の場合、経営者側が社員と話し合いを持ち、1年の評価を伝えながら、来年度の年収について決定します。その他多くの企業が導入している「目標管理制度」は、社員が自ら年間の営業成績や改善目標を会社に示し、その目標をどの程度達成したかを自己管理し、さらに翌年の目標管理の継続を行う制度です。

　日本経済の変化により日本の企業も変化していかざるをえません。企業改革としては分社化、カンパニー制などが知られています。一つの会社で勤め上げるつもりで就職したとしても、その会社が合併などに至る場合もないとは言えません。これからの会社員、そして当事者の皆さんには、何よりも職業人としての自立が求められます。

職業人として自立するために

　社会では専門的能力を身につけることが戦力として認められる一つの手段と考えられています。企業の歴史をひも解くと、かつては大企業のホワイトカラー、特に幹部候補生は、さまざまな部門を経験し、幅広い知識と経験を積みながら総合的な判断のできる"ゼネラリスト"人材として育成されてきました。しかし現在では、会社はさまざまな部門や職場で働くことのできる"マルチプレーヤー"でありながら、"専門的な能力を持つ人材"を求めています。

　発達障害を持つ方に理解してもらいたいのは、与えられた仕事をこなすだけではなく、自分の能力を常に高める努力を忘れないこと、そして新しい状況にもなじんでいく方法を身につけることが必要であるということです。今後、職業人として求められるこれらの心がまえは、企業の規模に関わらず求められるものと言えますが、中小企業では大企業以上にどのような仕事もこなせることが期待されます。

　社会経験が少ない当事者や保護者の方々は、大企業のイメージはつくと思いますが、中小企業についてどのようなイメージを持っているでしょうか？　中小企業基本法の定義によると、中小企業とは製造業その他の業種では資本金3億円以下または従業員300人以下の法人企業とされています。その他は卸売業、小売業、サービス業と業種により資本金の額または出資の総額と従業員数の条件が異なります。

　このような中小企業では、大企業と比較し、さまざまな職種に就くチャンスが多く、仕事を任せられる可能性も高くなります。中小企業の中には、他にない特許を所有する会社や急成長を遂げていく会社もありますので、どんな環境においてもチャレンジしていく心意気を持っていてください。

会社の組織を知る

会社の組織とは

　新しいベンチャー企業などを除いて、一般的に企業は完全なタテ型の組織社会です。企業が効率よく業務を遂行していくためには、指示・命令系統や業務の所掌を定めて、責任と権限を明確にすることが不可欠であるからです。役職者は任命された部門単位での権限と責任を持ちます。権限と責任は役職が上位になるほど大きくなります。

組織の形態

　現在、会社の組織には、機能別組織や事業部制、カンパニー制などさまざまな形態があります。
　「機能別組織」は、営業、生産といった経営機能ごとに組織を編成しています。同じ専門性を持つ社員が一つの組織に集結しており、スキルや知識などの情報を共有しやすいというメリットがあります。
　「事業部制」は、事業ごとに編成された組織を配置しています。本社が事業運営に関する責任・権限を事業部に委譲することで、各事業の迅速な意思決定が可能になります。
　「カンパニー制」は、事業部制よりも独立性が高い事業部門（カンパニー）を配置した事業形態です。法制度上で規定された概念ではなく、運用実態も企業によりさまざまです。
　ここでは、一般的な会社組織図例を紹介します。

組織図の見方

組織図例を見てみましょう。社長－取締役会の下に事業活動を直接行う現業部門として営業統括・製造技術の統括本部があり、管理部門として管理本部・社長室などが置かれ、それぞれの下に各組織がついています。営業部門の事業所を例に挙げると、営業本部・第一営業部となり、さらにその下部組織に分かれていきます。

図1 組織図例（メーカー）

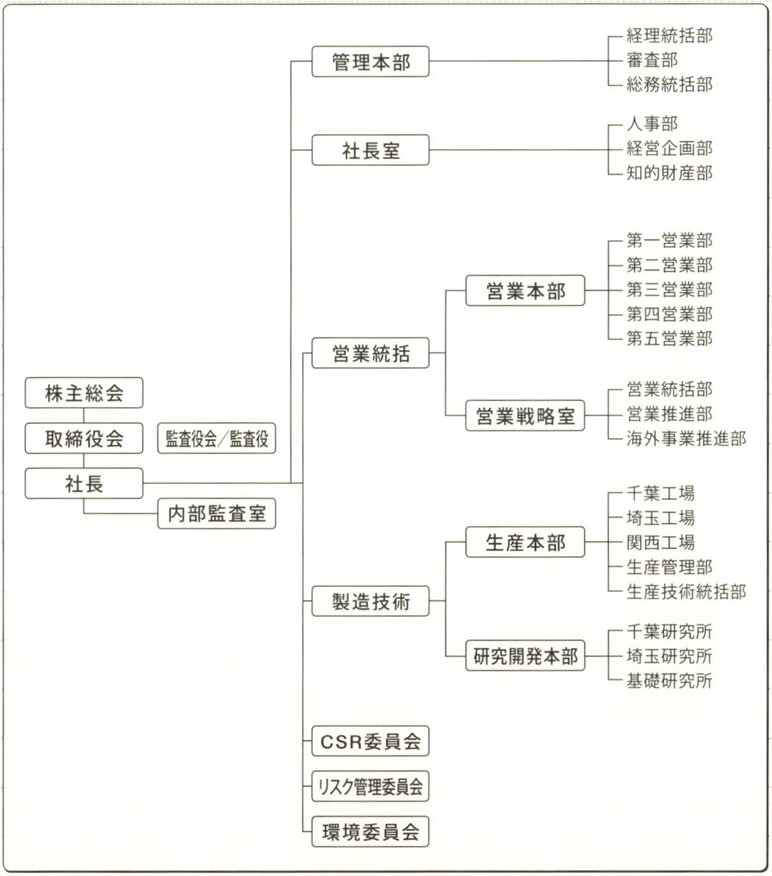

```
株主総会
取締役会 ─ 監査役会/監査役
社長
  ├─ 内部監査室
  ├─ 管理本部 ─┬─ 経理統括部
  │            ├─ 審査部
  │            └─ 総務統括部
  ├─ 社長室 ──┬─ 人事部
  │           ├─ 経営企画部
  │           └─ 知的財産部
  ├─ 営業統括 ─┬─ 営業本部 ──┬─ 第一営業部
  │            │              ├─ 第二営業部
  │            │              ├─ 第三営業部
  │            │              ├─ 第四営業部
  │            │              └─ 第五営業部
  │            └─ 営業戦略室 ─┬─ 営業統括部
  │                           ├─ 営業推進部
  │                           └─ 海外事業推進部
  ├─ 製造技術 ─┬─ 生産本部 ──┬─ 千葉工場
  │            │              ├─ 埼玉工場
  │            │              ├─ 関西工場
  │            │              ├─ 生産管理部
  │            │              └─ 生産技術統括部
  │            └─ 研究開発本部┬─ 千葉研究所
  │                           ├─ 埼玉研究所
  │                           └─ 基礎研究所
  ├─ CSR委員会
  ├─ リスク管理委員会
  └─ 環境委員会
```

組織図は、会社の指示・命令系統や業務の所掌を表しています。あなたが入社をしたら、まずは、自分が組織の中でどこに所属しているのか、組織図を見て確認をしてみましょう。そして、あなたが所属する部門の役割とそれに紐付く自分の仕事がどのような意味を持つのかを考えてみましょう。自分の役割を知ることで、おのずとやりがいが湧いてくるはずです。

役職とその呼び方

　役職とは、職場における階級とその責任範囲を表しています。また、一般的に企業では社内での呼称として役職を使用します。役職名を間違えることは、その方の名前を間違えるに等しいことで、大変失礼にあたります。役職名は、正しく覚えましょう。
　企業の一般的な役職名は、表１のとおりです。

上司は役職名で呼ぶ

　社内では「○○課長」と「名字＋役職名」で呼ぶのが一般的です。ただし、取引先など社外の人の前で上司を話題にするときには、相手先と自社の関係では相手先が上位にあたるので、役職名ではなく「（弊社の）○○」と名字の呼び捨てにします。課長以下の「課長補佐」「係長」「主任」などについては、役職名で呼ぶかどうかは職場によって異なるので、職場の慣習に従いましょう。
　また、自由に気兼ねなく話すことのできる環境づくりを目的に、役職名を使用しないことをルールにしている会社もあります。その場合は「○○さん」とさん付けで呼ぶことになります。ただし、役職名を使わない

からといって、友人のように親しくしてよいというわけではありません。あくまでも上司は上司であることを忘れないでください。

同僚や他部署の人の呼び方

男女とも「○○さん」と呼ぶのが一般的です。職場には周りから愛称で呼ばれている人もいるかもしれません。年齢に関わらず、自分より入社が早い人はすべて先輩です。役職名を使用している職場では役職名で、役職名を使用しない場合は「○○さん」と呼ぶのが無難でしょう。

表1 一般企業の役職名一覧

会長	取締役会の会長を指す。多くは前社長が就任するが、名誉職の場合もあれば、実質的な最高権力者である場合もある。
社長（代表取締役）	会社のトップを指し、代表権を持つ。会長もいる場合はどちらかが経営を執行する最高責任者として会社の実権を握る。
副社長	社長が不在のときは総責任者として対応する。複数の副社長がいる場合もある。
専務	会社の日常的業務を担当し、社長を補佐する役員。
部長	部と呼ばれる組織を総括する管理責任者。
課長	会社の一部門の課の管理責任者。
係長	特定の業務に対して業務を行う最小単位である係において管理的立場にある者に対する呼称。
主任	一般の従業員の中での熟練者を指す役職であるが、管理職ではない。

人事制度

　人事制度とは評価制度、賃金制度、昇進・昇格制度の３つの制度から成り立っています。企業に入社するとこの人事制度に基づいて評価され、それにより昇給、昇進、昇格などが決まります。評価の方法として、「職務遂行の度合」を重点的に見る企業、「成果要件」に重きを置く企業があり、どちらに力点を置くかは企業の目指す方向性により異なります。どちらにしても、企業の価値を高め、業績を伸ばして発展していくために、社員として「期待されること」があり、それをどれだけ果たしたかを評価されるのです。その評価が、昇給や賞与を決める根拠になります。

　また、人事評価は管理者の役割を全うするための一つの手段ですが、日頃の指導・育成、フィードバックは管理者の重要な責務です。

評価制度

　社員は一定期間ごとに働きぶりを上司から評価されます。評価される項目は、勤務態度（規律性、責任感、協調性など）、成績、能力などで、その考課基準も決められています。この評価項目と考課基準により、上司は社員を評価し、その評価は給与の昇給額や賞与の額、ひいては昇進・昇格にも反映されます。

　近年では自己申告制も取り入れられ、評価の基準や結果は本人にも知らされるようになりました。また、成果主義を取り入れる企業、目標管理制度を導入する企業が増えてきています。目標管理制度とは、各社員自らが期初に半期もしくは通期の業務目標を設定し、その達成度合で評

価を行う制度です。

　直属の上司は面談により、あなたの仕事ぶりや目標の達成度を確認し、定められた考課基準で評価します。その後、最終的な評価は上司とその上の上司、人事担当者らで協議します。複数の人の視点で評価の妥当性が協議されているため、評価がぶれることはありません。

　社員は自分の評価を知ることで、社員として自分が期待されている働きがどの程度できているかを把握することができます。そして、会社が期待するレベルを達成するために、業務における次の目標を立てます。そして、その目標達成に向けて努力していくことにより、新入社員である皆さんも成長していくのです。

　このように、仕事は漫然と行っていればよいというものでなく、自ら計画的に行うものであることも知っておかなくてはなりません。上司との評価面談では自分の携わった業務の成果について数値等を使い、客観的な報告をすることが必要です。上司との評価面談についての具体的な内容は p.12 で説明しています。

賃金制度、昇進・昇格制度

　上記の評価の結果が、賃金制度、昇進・昇格制度につながります。

　賃金とは一般的に「労働の対価」ですが、実際には社員の生活が維持できる金額でなくてはなりません。さらに企業の支払い能力も考慮して決定されます。長い期間でみると人材確保と定着にも大きく影響するので、社員のモチベーションの維持や向上を考慮し、各社実情に合った賃金制度を構築しています。

　昇進・昇格制度とは、昇進または昇格のための条件・基準をまとめた制度です。これも、各社の実情に合わせた制度が構築されています。

仕事の評価を受ける

　企業の中では、常に自分が評価されていることを覚えておかなければなりません。企業に入社すると、人事制度に基づき、従業員は評価され、昇給・昇進・昇格等が決まります。一定期間（1年間あるいは半年、四半期ごと）の従業員の労働に対して上司が評価をし、給与の昇給額や賞与の額に反映させ、昇進・昇格にも反映させるのが人事考課です。人事考課は勤務態度（規律性、責任感、協調性など）に対する評価、成績考課、能力考課（資格や自己啓発活動など）などの決められた項目と考課基準で評価されます。近年では自己申告制や面接を取り入れ、評価の基準や結果を本人に知らせる企業も増えています。ここでは、仕事の評価を受ける際の心がまえを押さえておきましょう。

上司との評価面談

　通常、年度の初めや終わりのタイミングで、上司と評価面談を行います。自分が行ってきた仕事を、きちんと理解しているかどうかの確認の場でもあります。一定期間を振り返って、自分が携わった仕事内容や当初掲げた目標と実績について聞き取りが行われます。具体的には、担当した仕事内容や結果、進め方や進める中で発生した課題、それを解決するために行った行動や対策、目標に対する達成度、どのような基準で達成度を決めたのか、達成できた要因は何か、あるいは達成できなかった要因等を説明することになります。それはつまり、あなたの仕事に対する思いややる気、冷静に判断できる目線を持っているかどうかが問われ

ているのです。

　上司との面談では、その場だけ受け答えをよくしても評価は上がりません。上司は常日頃からあなたの仕事ぶりを見ています。評価対象は仕事の実績や結果のみならず、日々の仕事の中で上司や他の従業員らと助け合って仕事を進めているかなどの職場での振る舞いも含まれます。したがって、毎日の仕事を真面目に取り組むことが大切なのです。

結果は真摯に受け止める

　上司は面談を踏まえて、あなたの仕事ぶりや達成度の見立てなどを客観的に評価します。その後、最終的な評価は上司と人事担当者らとの協議で決まります。評価された結果、成長度合に今後の成長への期待度を込めて、あなたは査定されます。要するに、賃金や賞与、昇進・昇格などに反映されるのです。しかし、場合によっては、自分が考えていた評価や査定がなされないこともあります。これは会社・組織としての判断となるので、結果は真摯に受け止めて、今後の成長と挽回に尽力することが社会人としての心得です。

次の目標を決める

　通常、評価の結果は本人に戻され、それを踏まえて次の仕事の目標、具体的には次の期間でどれだけの仕事の成果や結果を出すか、成長できるかなどを決めることになります。実際には、上司と相談しながら無理のない目標設定をしていきますが、いつも同じ仕事をこなすだけでなく、新たな仕事、より困難な仕事をこなしていくことが仕事に対する自分の成長を意味します。会社としてもあなたに大いに期待しています。

会社の基本的なルール

時間＝お金

　学生から社会人になると、時間というものの扱いが以前とは異なっていることに気づくでしょう。学生のときは自分の好きなようにスケジュールを組むことが可能でした。朝からの行動が苦手な人であれば、2時限目からの授業を選択することも可能だったはずです。

　一方、会社に入社すると、まず時間を管理されます。会社の規程に定められているとおり、勤怠を管理されるのです。勤怠管理の方法は、出勤時と退社時にタイムレコーダーを打刻する職場もあれば、個人のパソコンを立ち上げたときから勤務時間が自動的にカウントされる仕組みを取り入れている会社もあります。いずれも就業の定刻を過ぎれば、赤字で印字・表示されるでしょう。決まった時間に出社しなければならないことは、誰しも頭では理解しているはずです。しかし、出社時刻が赤字で印字・表示されたときに初めて、行動と賃金が結びついていることに改めて気づかされるはずです。遅刻や欠勤によって所定の勤務時間数に満たない場合は、当然のことながら給与から欠勤分が控除されます。

　所定の時間数を超えて働くと、基本的には残業手当が支給されることになっています。しかし、残業に関する取り扱いは企業により異なり、残業手当が法定通りに出る企業ばかりではないのも事実です。残業手当については、企業により固定残業手当（みなし残業手当：残業をしてもしなくても給与に含まれている）を定めている場合もあるので、就業規則が配布されたら目を通しておきましょう。

「就業規則」を確認する

　あなたは会社に入社するときに「雇用契約」を結びます。雇用契約は労働者（雇われる側）が使用者（雇う側）に対して労働を提供することを約束し、雇う側がこれに対して報酬を与える約束をすることで効力を発生すると民法第623条に定められています。さらに2008年3月には労働契約法が施行され、労働者と使用者との契約の基本的なルールが定められました。しかし、両者は対等の立場とは言えないため、労働基準法によって労働条件の最低基準を定めて労働者を保護しています（その他、労働者を保護する法律として、労働組合法、労働関係調整法、最低賃金法、労働安全衛生法など）。

　この労働基準法では、常時10人以上の労働者を雇用している事業所では、就業規則を必ず作成し、労働基準監督署に届け出なければならないとしています。「就業規則」とは、職場において事業主と労働者との間で、労働条件や職場で守るべき規律などについての理解がくい違い、トラブルが発生することのないように、会社が労働条件や服務規律などを明確に定め、文書にしたものです。具体的には①労働時間や休日・休暇、②賃金、③退職や解雇、④表彰や制裁、⑤安全衛生などが規定されています。従業員はこれらのルールを守らなければならず、逆に守れない人はその組織に所属することができなくなります。入社後はすぐに就業規則を読み、社員として会社の規則から福利厚生まで知っておくことは大切です。しっかり読んで知識として頭に入れておきましょう。

税金を納める

　就職して給与を支給されたら、全額が自分の手元に入るわけではな

く、その中から所得税や住民税などの税金を納めます。実際には、社員全員の納税の手続きは会社が行っています。企業に勤めている人には、毎月の給与からこれらの税金を差し引いた金額が支払われます。毎月会社から渡される「給与明細書」には厚生年金、健康保険、所得税、住民税などの項目があり、会社で徴収し、給与から差し引かれています。給与を支払う元のところで徴収する仕組みを「源泉徴収」といいます。

「年末調整」とは

　会社員は、あらかじめ会社に扶養家族を届け出ることになっています。年収などの条件がありますが扶養家族がいると認められると、企業によっては家族手当が支給されたり、扶養家族の人数に応じて所得から扶養控除を受けられます。また、扶養家族（被扶養者）は扶養している人の健康保険に加入できます。会社はその届出にもとづいて所得から税額を計算し、毎月源泉徴収を行っています。しかし、年の途中で扶養家族に変更がある場合もあります。また、天引き分の社会保険料以外に民間の生命保険料や地震保険料なども控除の対象になります。それらを所得から控除すると課税対象となる所得金額が確定し、それに対して所得税額が決定します。すでに源泉徴収されている金額との過不足により、多ければ差額が返還され、少なければ差額を給与から徴収されることになります。この手続きを「年末調整」といいます。生命保険料、地震保険料、国民年金保険料を払っている場合は「給与所得者の保険料控除申告書」に保険料控除証明書を添付します。扶養家族や配偶者に変更があった場合は「給与所得者の扶養控除等（異動）申告書」に記載します。この２種類の書類を毎年会社に提出することにより、年末調整の手続きは完了します。

会社が負担するコスト

　皆さんが毎月給与支給日に会社から渡される「給与明細書」には厚生年金、健康保険、所得税、住民税などの項目があり、会社で徴収し、給与から差し引かれていることを前頁で説明しました。そのうち社会保険料といわれる項目（健康保険料、介護保険料〔40歳以上65歳未満〕、厚生年金保険料、雇用保険料）は会社が一部を負担しています。標準報酬月額に保険料率を掛けた額が月額保険料となり、これを会社（事業主）と従業員（被保険者）が折半して負担します。従業員負担分を給与支給総額から控除しているのです。一方、労災保険料は事業主が全額負担し、従業員は負担する必要がありません。
　これらの法定福利費の他に、会社が負担するコストとしては法定外福利費があります。社員が定期的に受ける健康診断や会社の契約保養所の利用に関わる費用は、会社が負担しています。最近では、「カフェテリアプラン」という与えられたポイントの中で自分に合ったメニューを選択できる福利厚生サービスなどもあり、福利厚生の形は会社により異なりますが、その費用はすべて会社が負担しているのです。一般的に企業は社員一人当たりの給与の支払いに加え、給与の20％ほどの福利厚生費を負担しているといわれています。
　また、新入社員研修からレベルに合わせた研修まで、社員の教育・研修費などにもコストがかかっています。先輩社員が新入社員をOJT（p.24）で指導していくことまで考えると、金額で把握することは困難になりますが、社員一人を雇用するためには、このように目に見えないコストがかかっていることを知っておきましょう。

働くことの意識

✓ 就労意識調査

　毎年行われている、新入社員を対象にした「働くことの意識」調査（＊注1）の平成25年度の結果を紹介したいと思います。

　この年は、厳しい就職活動を反映し、「第一志望の会社に入れた」という回答は前年の60.9％から52.0％に減少しています。就職先の企業を選ぶ基準では、「自分の能力、個性が生かせるから」が全体の35.8％と最も多く、次いで「仕事がおもしろいから」（22.3％）、「技術が覚えられるから」（8.9％）など個人の能力、技能ないし、興味に関連する項目が上位を占め、「就社」より「就職」への傾向を示していると言えます。

　また、就労意識に関する項目では、「社会や人から感謝される仕事がしたい」（95.7％）や「仕事を通じて人間関係を広げていきたい」（95.6％）という回答が多い反面、「仕事をしていくうえで人間関係に不安を感じる」（62.7％）という声もあり、職場の人間関係は新入社員の大きな関心事であることが報告されています。「これからの時代は終身雇用ではないので会社に甘える生活はできない」（84.9％）との回答もあり、この調査結果には昨今の終身雇用制の後退、若い世代の価値観の変化が表れています。

　その他、新入社員は「仕事中心か生活中心か」という質問に対しては「仕事と生活の両立」という回答が大多数で、「デートか残業か」では「残業」（84.2％）が「デート」（15.7％）を大きく上回り、仕事を優先する傾向が大きく表れています。

 周りがどう考えているのかを知る

　なぜ新入社員対象の意識調査の結果を紹介したかといえば、「周りのことに気づきにくい」という特性を持つ皆さんに、他の人の考えを知って欲しかったからです。同期入社の新入社員は、多くの場合一括りで捉えられます。同期入社の中で仕事ができる人として目立つのはよいことですが、就労意欲、とくに「仕事に対する優先順位」という点では同期入社のグループからあまり逸脱しない方がよいのではないかと思います。そして、あなたが何年度入社であっても、同期がどのような考えを持っているかを知っておくこと、物事を数値で計ることも知っておくに越したことはありません。

　実際にこの調査結果を紐解いて考えてみると、平成25年度入社の新入社員の場合、仕事を優先する割合に高い数値が表れているということは、上司から残業を指示されたときに残業をする、あるいは自主的に残業に対応する人が多い傾向にあると言えます。一般的にも多くの人は特別な事情がない限り、突発の残業にも対応するのではないかと思います。

　しかし、発達障害を持つ人の中には自分の気持ちの切り替えが苦手で、突発の残業に対応できない人もいるようです（p.60「残業する？しない？」参照）。残業に対応できないということは仕事の評価に関係し、マイナス評価を受けてしまう可能性がないとは言えません。組織で働く以上は、周囲と同じように働くことができれば一番好ましいですが、少なくとも周りの人の行動と自分の行動の違いを認識する客観的な視点を身につけ、職場では常に評価されるということも理解しておく必要があります。

　（＊注1）平成25年度新入社員「働くことの意識」調査結果（公益財団法人日本生産性本部と一般社団法人日本経済青年協議会）

会社員って職業？

「あなたの職業は何ですか？」と尋ねられたとき、「会社員です」と答える人がほとんどだと思います。しかし、会社員は職業と言えるでしょうか？　会計士やデザイナーなどの専門的な職業と比較すると、会社員という職業は極めてあいまいなものに思われます。当事者の方の多くは会社で事務の仕事に就くことを目標に就職活動を進めてきたと思いますが、「私の職業は会社員（＝サラリーマン）です」とは言って欲しくないと思います。なぜなら、「サラリーマンです」と答えると、何を仕事としているのかが伝わらないからです。「私は○○会社の○○部に勤務しています」や「私は○○会社で△△の仕事をしています」という答えはまだよいかもしれません。「○○会社で□□の担当をしています」と、会社の中で任された仕事を持つようになって欲しいと思います。

✓ 全体の流れを知る

発達障害を持つ方の中には「全体の流れがわからない」という方が少なくありません。会社は新入社員研修で自社の成り立ちについて説明し、製品に関する情報を与えるなどしていますが、いくら教えられてもそれは机上の知識であって、身体で理解しているものではありません。仕事を与えられたときには、仕事をこなすだけではなく、自分が何をしているのかを全体の流れの中で理解しなければなりません。その仕事が会社の中でどのような位置を占め、どのような役割を果たしているのかがわかるようになって初めて"一人前になった"と言えるのです。

✓ 自分の仕事を持つ

　会社に入社したばかりの新入社員に対して、すぐに責任ある仕事が与えられることは決してありません。はじめは大きな流れの一部分を切り取った補助的な仕事しか与えられないでしょう。

　会社とは、「経験」がものをいう世界ではありながらも、単に会社で過ごした時間＝経験ではありません。ひたすら真面目に働いているという勤労や作業の態度でもありません。経験とは、自分の仕事を持つことで得られるものです。仕事を通して業務知識を深め、こなした業務が認められ、一つの大きな括りの業務やプロジェクトの流れを担当できるようになったとき初めて"自分の仕事を持った"と言うことができます。

✓ 仕事を単にこなすだけではダメ

　ただ仕事をこなしているというレベルでは、なかなか責任ある仕事を任せてもらえません。自分に任された担当業務を持つようになるまでには、数ヶ月単位では無理で、最低でも2〜3年という経験が必要です。責任ある仕事を任せられるようになるには、部分的に区切られた補助的な仕事を正確かつ迅速にこなし、実力を蓄えていくことが重要です。

　では、自分の仕事を持つようになるまでに、具体的にどのような行動が必要かといえば、日々新しいことや仕事の手順は自分なりにメモをとり（p.94「仕事のメモをとる」参照）、自分用のマニュアルを作成するなどして、業務知識を自分の中に蓄えていく習慣をつけることです。また、たとえ決まりきった定型業務であったとしても、どのようにしたら効率化が図れるかなど常日頃から考える癖をつけることも必要です。先輩の仕事ぶりからも、仕事の流れなど学べることが多いでしょう。

経験と資格

 "知っていること" と "できること" の違い

　インターネットが普及し、今まで手に入りにくかったさまざまな情報が比較的簡単に入手できるようになりました。パソコンとインターネットを使って正しく検索できる人なら、専門的な情報も得ることが可能です。このように難しい情報ですら簡単に入手できるので、情報を得さえすれば、もう自分はその内容についてすべて知っていると思いがちです。しかし、いくら知識があったとしても、それですぐに実務として仕事をこなすことができると言えるでしょうか。

　今までやったことのない仕事を任される場合を例に挙げて考えてみましょう。新しい仕事を「できるかどうか」と聞かれた場合、簡単に「できます」と返事をする人がいます。実は "知っていること" と "できること" は大きく違います。経験をして初めてその仕事が「できる」のかどうかの判断を下すことができます。経験をしていない場合は、「できます」というレベルにはまだ至ってないことを知っておきましょう。命じられた仕事の経験がない場合は、「その仕事については経験がありません」と答えるのが最も適切な回答です。「できます」と回答したにも関わらずできなかった場合、あなたの判断は信頼できないという評価になってしまいます。職場では発言と行動が一致している人が、より信頼を得ることができるのです。「経験はありませんが、ぜひチャレンジしてみたいです」と言うのであれば、より前向きで好ましい回答です。経験を積み重ねて、仕事ができるようになることが皆さんの目標です。

✓ 何のために資格をとるか？

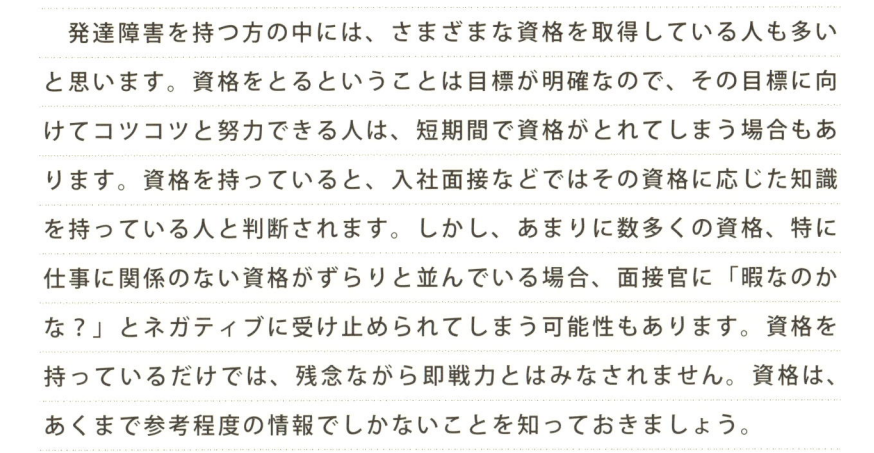

　発達障害を持つ方の中には、さまざまな資格を取得している人も多いと思います。資格をとるということは目標が明確なので、その目標に向けてコツコツと努力できる人は、短期間で資格がとれてしまう場合もあります。資格を持っていると、入社面接などではその資格に応じた知識を持っている人と判断されます。しかし、あまりに数多くの資格、特に仕事に関係のない資格がずらりと並んでいる場合、面接官に「暇なのかな？」とネガティブに受け止められてしまう可能性もあります。資格を持っているだけでは、残念ながら即戦力とはみなされません。資格は、あくまで参考程度の情報でしかないことを知っておきましょう。

✓ 経験者＞未経験者？

　一般的に中途採用の場合は、経験・スキルが求められます。例えば、経理の採用を考えた場合、経験者を優遇する企業が多いのが実情です。なぜなら、経理の実務においては、教科書どおりに一定の分類項目に合わせて費用が発生するわけではありません。企業の中では、種々雑多な費用が次々に発生し、それらをどのように分類し、どう処理するかという作業が発生します。その点では、未経験者より経験者が優遇されるでしょう。しかし、経験・スキルも大切ですが、今後は新しいことに積極的に取り組んでいく人、応用のきく人が必要とされるでしょう。市場やユーザーの動きに応じて会社も対応していかなければならないからです。社会の動きにスピード感をもってそのニーズに応えられるかどうかがカギとなります。経験はなくとも、新しい知識を吸収し柔軟に対応していく意欲を持つ人はポテンシャルを評価されるはずです。

新入社員研修

 OJTで実務を覚える

　社員を教育する方法の一つに、OJT（On the Job Training、職場内訓練）と呼ばれるものがあります。OJTとは、実際の担当業務を行いながら、必要な技術・能力・知識などを身につける教育訓練のことです。

　一般的な企業における新入社員教育は、一定期間の集合研修を経てからOJTへ移行する形式を採用しています（ただし、4月入社の新卒一括採用以外の場合は、集合研修を実施しない場合もあります。その際は多くの場合、一人の新入社員に一人の先輩が指導者として付き、実務を教えてもらうことになります）。OJTの期間は職種や仕事内容により異なりますが、その期間中は、先輩社員が新入社員に対してマンツーマンで実際の業務を一つひとつ丁寧に指導・助言します。それによって、実務に密着したノウハウのみならず、マニュアルでは得られない現場の要領を知ることができます。新入社員は、この間に担当の業務内容を理解し、一人でこなせるようになるのが目標です。

　ただし、発達障害を持つ方の中には、指導者となった先輩とのコミュニケーションを苦手とする人もいるでしょう。忙しそうな先輩に仕事でわからないことをどのように質問してよいかわからずに困ってしまう人も多いと思います。しかし、わからない部分はそのままにしておいてはいけません。不明な箇所はその都度メモをとり（p.94）、あとで整理をして箇条書きにし、まとめて先輩に聞いて回答をもらって解決しておきましょう。

失敗から学ぶ

　発達障害を持つ方の中には、完璧主義の人が少なくありません。失敗をして上司や先輩に怒られたくないとおそれるあまり、普段なら簡単にできることでも、すべての行動が委縮してしまうためにうまくいかなくなってしまう人もいるようです。

　実は、社会人として成長していくためには、早いうちに失敗することが必要なのです。仕事を進めるにあたり、すべての仮説を立て、あらゆる状況に対して周到に準備をして開始したとしても、予想外の失敗は必ず起こります。誰しも失敗は避けることはできません。しかし、失敗を経験したあとの行動がその人を大きく成長させるのです。

　ここで、ホンダ（本田技研工業）の創業者である本田宗一郎氏の数々の名言の中に"失敗"に関するものがあるのでいくつか紹介します。

　「私がやった仕事で本当に成功したものは、全体のわずか1％にすぎないということも言っておきたい。99％は失敗の連続であった。そして、その実を結んだ1％の成功が現在の私である」

　「失敗が人間を成長させると私は考えている。失敗のない人なんて本当に気の毒に思う」

　この名言を聞いて、失敗をおそれることより「今起きている問題や失敗を認めること」「そこから教訓を学び、同じことを繰り返さないように措置すること」が大事だと思いませんか？　数多くの失敗を重ね、その失敗を分析・反省し、失敗から学んだことを次の仕事に活かしていくことが成功への近道です。"失敗は成功のもと"とも言います。早めに失敗を経験し、成長へのステップを踏んでいきましょう。

職場の関係

　初めて職場で働く当事者の方は、家庭や学校とはまったく異なる環境に戸惑うに違いありません。突然かかってくる電話の音にビクッとしたり、相手の言うことが聞きとれずにあたふたしてしまったり……。しかし、その職場で落ち着いて働いている先輩たちも以前はあなたと同じように新入社員だったのです。時間の経過とともに、経験を積み重ねていけば先輩たちのように職場でうまく対応できるようになります。

　職場では仕事を進めるために、議論や会議、意思決定などの手段とルールがあります。この手段とルールは当然覚えるべきものですが、それと同時に仕事をうまく進めるためには上司や先輩、同僚とうまくつきあうことが大切です。ここでは発達障害を持つ方が気づきにくいであろう職場の人間関係について説明します。

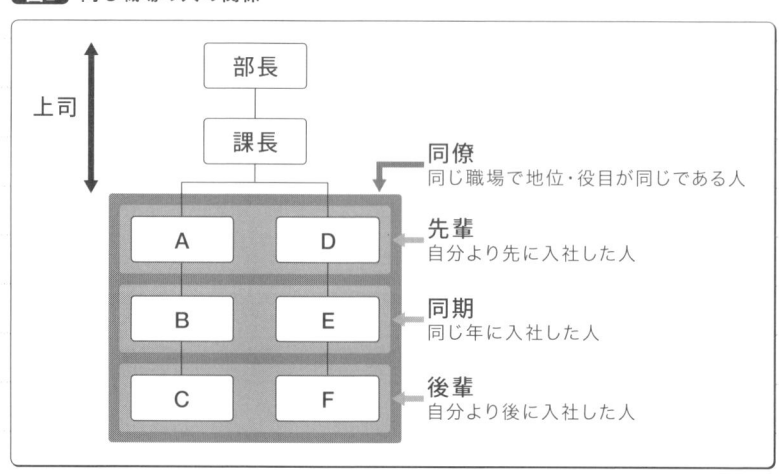

図2　同じ職場の人の関係

上司とうまくつきあうには

　上司は職場の責任者であり、あなたの評価者でもあります。多くの実績とキャリアを持つ上司はあなたの指導・教育に責任を持っています。上司に対しては敬意を払い、信頼が得られるように行動しましょう。そのためには、上司が評価するポイントをおさえておく必要があります。

＜上司が評価するポイント＞

①報告・連絡・相談ができる　p.30 参照

②期限を守る

　仕事を依頼されたら、締切日を確認しましょう。せっかちな上司の場合、「できるだけ早く」と言われたら、その日のうちに作成物を提出してほしいと望んでいることもあります。

③指示に対する疑問や課題を解決している

　指示を理解しないままに仕事を進めてミスをしてしまうと、仕事を要求水準までこなせない人という評価につながります。わからないときには、「わかりません」と伝えることもときには重要です。

④話をきちんと聞く

　話を聞いていないと思われないようにする注意が必要です。

⑤感情的な発言や行動をしない

　⇒ "怒り" のコントロール　p.136 参照

⑥上下関係をわきまえている

　組織の中では上下関係が決まっています。報告は必ず直属の上司にしなくてはなりません。インターネットが普及し、業務の情報も多くの人で共有できるようになりました。インターネットを活用し、簡単に自分の意見を伝えることができるようになりましたが、だからと言って直属

の上司を飛び越えてさらに上の職位の上司へメールを送ることはマナー違反です。会社によっては社長が社員からの自由な意見を募集することもありますが、その場合でも意見の提出方法はきちんと定められているはずです。そのような特別の機会以外では直接社長にメールを送ることは一般的にはありません。

⑦**名前を呼ばれたらすぐに返事をする**

　名前を呼ばれたら、作業中でも「はい」と返事をして上司の席へ行きます。仕事に関係することで複雑な内容であればメモをとる（p.94）必要が生じます。大事なことを記録できるように、必ずメモと筆記具を持ってそばに行く習慣を身につけましょう。ただし、あなたが電話中・接客中のときは、お客様が最優先です。お客様対応中であることを上司に身ぶりで示し、対応が済んだらすぐに上司の席に行くようにします。

　以上を念頭に、上司とのよりよい関係を構築していきましょう。ただし、上司は聖人君子ではありません。上司も同じ人間です。不安を抱えることもあれば、言動が矛盾することもあります。上司は絶対正しいとは限らないことも合わせて理解しておきましょう。

先輩との関係

　先輩への対応は、上司への対応とほぼ同様です。先輩は上司より身近な存在と言えますが、上下関係をわきまえ、話をよく聞き、言葉づかいに気をつけることが大事です。先輩は、実務について詳しく具体的に教えてくれる存在です。また、社内のことを理解するためには、先輩の教えや助言が何よりも参考になります。わからないことは先輩に何でも聞くことのできる関係を維持しましょう。そのためには熱心に仕事をして、先輩や周囲の人の話をよく聞き、協調して働くことです。

✓ 同僚との関係

同僚は同じ部署内の人で先輩、後輩に関わらず同じ分野の仕事をしている人たちです。困ったときにはフォローし合い、お互いに切磋琢磨して自分を磨いていくことが必要です。

✓ 同僚の名前は覚えておこう

発達障害を持つ方の中には「相貌失認」といって人の顔を覚えることを不得手とする人もいます。大きな部署になると、自分の所属するチーム内で仕事が完結し、他のチームの人たちと接する機会がないという場合もあります。直接接する機会がないとなかなか顔を覚えることができないと思いますが、自分は覚えていなくても相手は自分を覚えているのが現実です。自分の所属する部署については、組織図や座席表などを見て極力全員の名前を覚えるように努力しましょう。

✓ 同期との関係

同期は同じ悩みを共有する気のおけない仲間です。同じ職場に相談しあえる同期がいるということは、何かと心強いと思います。とはいえ、接し方がくだけすぎてはいけません。仲のよい同期でも、仕事上はライバルです。社内では常に仕事力を比較されていることを忘れてはいけません。あなたが気づいたときには、『忙しい中でも合間を見つけ、同期の仲間はそれぞれ自分なりに努力し、自分の担当業務を身につけていた』という状況にならないとも限りません。仕事上ではお互いを助け、競い合うことで共に成長していきましょう。

組織のルール

報告・連絡・相談

　ビジネスの基本として「報告」「連絡」「相談」の3つの要素は欠かせません。入社してから一人前とみなされるようになるためには最低3年程度はかかると考えたほうがよいでしょう。入社して間もないうちは、判断に迷う事柄が数多く発生します。上司に報告・連絡・相談を確実に行い、対処策についてアドバイスをもらうことで、自分が成長していきます。

①報告
　「報告」は、仕事の進捗などを上司や先輩に伝えることです。事実を簡潔に報告するのがポイントです。上司や先輩はこの報告を聞くことで状況を把握し、必要であればアドバイスを行います。

②連絡
　「連絡」は、今後のスケジュールや作業上の変更点、作業上の注意などを関係者に伝えることです。新人のうちは細かいことも先輩や上司に伝えます。経験がないうちは作業上のちょっとした変更がどのようにその後の作業やスケジュールに影響があるのか判断できないからです。作業の連絡などはメールで行われることが多くなりましたが、文字情報として残ること、他の人に転送されるなどして流出する可能性があることを考慮しておく必要があります。

③相談

　ミスやトラブル、自分でどのように処理してよいかわからないときに上司や先輩にアドバイスを求めるのが「相談」です。ミスやトラブルが生じた場合には速やかに相談するのがポイントです。怒られるからと躊躇していると事態がさらに悪化してしまうかもしれません。事態を速やかに収拾することが、あなたが最優先ですべきことです。問題解決のためにどうしたらよいかを自分でも常に考えて行動しましょう。

報告書の作成

　報告書は、上司が部下の業務内容や進捗状況、課題などを把握し、部内の活動履歴にもなる重要な書類です。上司は報告書により部署内全体の状況を把握し、今後の仕事の割り振りや部下への指示を行います。また、報告書を作成することは、自分の仕事内容を整理し、客観的に振り返るという意味で自分自身にとっても重要なことです。

①日報

　業種、職種によって業務日報、営業日報、売上日報など名称が異なり、書式も異なります。終業時にその日の業務に関して当日の業務内容、進捗状況、成果、所感などを記入します。

②各種報告書

　調査報告書や収支報告書、事業報告書などがあります。個人で作成する報告書として、出張報告書や担当プロジェクトの報告書があります。経過報告、成果、課題、収支計算などの項目について事実を簡潔に記入します。箇条書きで表や図などを用いる形式が好まれます。

職場で活躍するために

入社したばかりの頃は「右も左もわからない」「言われている言葉の意味も理解できない」と感じたことがあるのではないでしょうか。しかし、そのままの状態を長く続けてはいけません。与えられた仕事は確実にこなしながら、早く仕事を覚えるための努力をしましょう。

社内用語を覚えよう

まずは、職場で使用されている用語を覚えることです。その業界やその職場でしか使われない言葉もあります。省略して使用される言葉は、聞き損なっているおそれもあります。耳にした用語はその都度書きとめて、用語リストを作成しておくと職場の理解に役立ちます。

他の人の仕事を知ろう

次に、仕事を覚えるためには、職場の人がどのような業務を担当しているのかを理解しておくことが必要です。職場によっては業務所掌の表や担当業務リストなどが作成されています。その表やリストによって職場の先輩の担当業務を理解するとともに、先輩がどのように仕事を進めているのかを観察しましょう。じっくり観察しているうちに、どんな部署とのやりとりがあるのかなどがわかってくるはずです。担当業務リストがない場合は、座席図を利用して誰がどんな仕事を担当しているかなどの自分用のメモを作成するのも理解を深めるための一つの方法です。

自分が蓄えられる知識の量はどんなに努力しても限られています。会社で仕事をしていくためには、その件について自分は知らなくとも詳しい人を知っていることで、教えてもらって仕事を進めることができます。

✔ ビジネスで必要な3つの能力

さらなるステップとして、職場で活躍するために身につけておきたい能力があります。それは、①口頭および文書で自分の考えを伝える能力、②情報収集と分析能力、③計算・情報処理能力です。

報告書を例に挙げて説明すると、簡潔で要領よくまとめられ、結論が明確に伝えられていることが重要です。多忙な上司は1枚の書類を読むのに1分しか時間をかけないかもしれません。報告書は、「ある事柄に関して集めたデータを客観的に整理する→問題を浮かび上がらせる→その問題解決の方法を探る→提案する」という流れで作成するなどのテクニックを身につけることも必要です。

また、日々の業務においてはすべての事柄について鵜呑みにせず、常に検証・評価を行うという作業が必要です。誰に言われたから答えはこうだと思い込むのではなく、自分に知識を蓄え、自分なりの判断力を養っていくことが大切です。仕事の改善や新しい商品のアイデアは、指示されたことをこなしているだけでは浮かんできません。周囲には日常の業務をこなしながら、常に工夫を考えている人がたくさんいることを知っておきましょう。

計算能力については、計算機やパソコンを利用して計算ができる現在、特別大きな支障はないと思いますが、情報処理能力はさまざまなところに影響します。情報を素早く理解し、記憶し、臨機応変に活用することは、当事者の方が職場で活躍するために大事なことです。

なぜあいさつが必要か？

　ビジネスは、人と人との信頼関係の上に成り立っています。その信頼関係を築くためには良好なコミュニケーションを図ることが重要で、あいさつはそのきっかけとなります。ビジネスシーンであいさつが必要な理由は、相手に好感を持ってもらうためです。爽やかなあいさつは相手に好感と信頼感を与え、仕事のしやすい環境を作ることにつながります。

✓ 会社の顔として

　会社は売上を上げるという使命があり、社員であるあなたは会社の売上に貢献する義務があります。顧客との交渉をうまく進めるためには、好印象を持ってもらうことが必須です。

　初対面の人とのコミュニケーションは、あいさつから始まります。あいさつはコミュニケーションの基本であり、相手の存在を認めるという意思表示です。もしあなたがあいさつをしない、したつもりでも相手に伝わっていなければ、相手は自分の存在を無視されたと感じます。あいさつは相手より先に、明るく、笑顔で、相手に聞こえるよう大きな声で、「おはようございます」「いつもお世話になっております」と言ってお辞儀をしましょう。アイコンタクトもできれば、なお効果的です。

✓ 初対面でも「いつもお世話になっております」

　顧客に対しては日ごろの取引の感謝を込めて、「いつもお世話になっ

ております」とあいさつをするのが社員としてのマナーです。初めて社会に出た方の中には、自分が知らない、会ったこともない相手に対して、どうして「いつもお世話になっております」と言わなければならないのか不思議に思う人もいるかもしれません。しかし、あなたはその相手を知らなくても、会社と取引のある顧客であれば会社の社員であるあなたも実はお世話になっているのです。

　その理由を分かりやすく説明すると、あなたが「○○会社の○○でございます」と名乗って顧客に対応すれば、あなたは会社を代表して相手に接していることになります。顧客と会社とあなたの関係をお金の流れで考えるとわかりやすいかもしれません。会社は製造した製品やさまざまなサービスを顧客に提供することで利益を得ています。その利益は会社の社員であるあなたに給与として支払われます。つまり、あなたの会社の製品やサービスを顧客に購入してもらったことにより、あなたの給与が支払われているというわけです。

あなたの評価にもつながる

　明るくさわやかなあいさつは職場の方々のあなたへの信頼感をアップさせ、結果的に働きやすさにもつながります。ビジネスシーンでのあいさつの必要性として、さらにもう一つ大事な理由があります。それは、仕事をしていくうえで気持ちよくあいさつができることは、人事評価の一つにもつながるということです。どんなに優れた知識や高いパソコンスキルを持っていても、きちんとあいさつができなければビジネスの基本的なことができていないというマイナス評価につながってしまいます。「あいさつができない（相手にうまく伝わっていない）＝仕事ができない」と捉えられてしまうことがあることを肝に銘じましょう。

情報セキュリティ

✔ 仕事の情報は口外しない

あなたが仕事を通じて知り得た情報は、すべて企業あるいは団体が所有するものです。職場以外で話してはいけません。また、家族や友人に話すのもルール違反です。

よくある例を挙げると、オフィスのあるビルのエレベーターで同僚と話すことは、エレベーターに乗っている第三者に聞かれてしまう可能性があるので注意しましょう。また、会社帰りに立ち寄った飲食店で同僚と個人名や会社名を出して、いろいろな話をすることがあると思います。しかし、周りに関係者がいないともかぎりません。よい話であれ悪い話であれ、安易に固有名詞を出すのは避けましょう。

✔ ネットワーク上に流出させない

会社の情報をFAXやメールで第三者に送付したり、インターネットなどの外部のネットワーク上に流出させてはいけません。掲示板やブログへの掲載も同様です。会社の情報をネットワーク上に流出させることは、企業・団体の信用を損ねることになり、法的に処罰を受ける場合もあります。この場合の情報とは次のような内容です。

・従業員の個人情報（氏名、住所、連絡先など個人が特定できる内容）
・顧客の会社・個人情報（名刺やそれに記載されている内容など）
・経理・会計や賃金・業績情報

- 持出し禁止や社外秘扱いになっている商品や資料およびその内容
- 自社の製品情報（一般公開が許されている場合は除く）
- その他に担当業務に関することや会社の中で知り得たすべてのこと

✓ 資料は持出し厳禁

　勤務中に外出する場合を除いて、業務の内容が記載された書類や印刷物は、職場外に持ち出してはいけません。紛失して外部に流出するおそれがあるからです。たとえあなたが仕事を覚えるために資料を自宅に持ち帰りたいとしても、それはルール違反です。どうしても資料を持ち出さなければならない場合は、必ず上司に相談して許可をもらうようにします。また、資料持ち出し票などを作成して手元にある資料の状況を把握するとよいでしょう。

✓ 紙類はごみ箱に捨てない

　仕事で使った紙やメモ類を安易にごみ箱に捨てるのは危険です。記載されている内容が会社にとって重要な内容であったり、個人情報が含まれているかもしれません。ごみ箱に入れたものは収集され、そのままの状態で外部に出てしまうこともあり、情報の外部流出につながります。
　基本的に、職場で使った紙やコピー用紙、メモ類はシュレッダー（裁断機）にかけるようにします。
　裁断してもよいと判断できる目安は下記のとおりです。
①今後活用することがないとわかっている場合
②別の媒体に転記されている、またはパソコン保存されているなど所在がわかっている場合

安定した就労のために

NPO法人翔和学園　佐藤貴紀

◎ 翔和学園とは

　NPO法人翔和学園は、社会に適応するのが困難な子どもおよび青年が社会性を学ぶための学校として設立されました。在籍する学生の多くは、発達障害を抱えています。卒業生の多くは一般企業に就職し、私達は卒業生が仕事を維持・継続させていくための支援もあわせて行っています。その前提として、学生の卒業後の状況を把握する必要があり、「同窓会」というシステムを活用しています。その内容は、年4回の同窓会報の発行および年2回の卒業生会（卒業生対象）、年1回の同窓会（在校生・卒業生・全保護者を対象）の開催です。

◎ 「同窓会」のねらい

　同窓会の意図は、おもに次の3つが挙げられます。
　1つ目は、卒業生の進路や社会体験の話を直接聞かせることによって、在校生の就職のモチベーションを上げるためです。また、在校生の「あんなふうになりたい」という卒業生に向けられる羨望のまなざしは、卒業生にとっても元気の源になるようです。
　2つ目は、卒業生の余暇を充実させるためです。あるとき私に、1本の電話がかかってきました。「先生、卒業生会まであと一週間だね」。ただ、それだけの内容でした。本人いわく、「それが楽しみでがんばっているんだ」とのことでした。
　広汎性発達障害はコミュニケーションの障害であって、他人に興味

がないわけではありません。事実、ある卒業生は学園を去るときに製作した思い出のトレーナーを着てニコニコしながら卒業生会にやってきました。さらに、卒業生会の閉会後、「遊園地に行こう」「カラオケに行こう」など、会場のあちこちで携帯電話を広げて約束をしている姿も見られました。翔和学園には「卒業後、仲間を誘って居酒屋に行けるようになる」という裏の教育目標がありますが、卒業生会がその起爆剤としての役割も果たしています。

　3つ目の目的は、セーフティネットを張るためです。職場から「○○さんは、仕事の継続は厳しいのではないでしょうか」と電話がかかってきてからでは、いくらジョブコーチが調整や指導を行ったとしても、かなりの確率で退職に至ってしまいます。広汎性発達障害を持つ人は、職場で困ったことが起きたときに、それを上司にうまく伝えて要求を通すどころか、かえって問題をこじれさせてしまうことがしばしばあります。そのような事態を回避するためにも、同窓会や卒業生会では、教員が「仕事内容の近況」や「環境に変化がないか」を卒業生から聞き取り、場合によっては進路指導担当者が職場へ足を運んで対応しています。

◎ 定着支援の必要性

　今までさまざまな発達障害を持つ人の就労支援に関わってきましたが、当事者が入社して数ヶ月経った段階が最も離職の可能性が高いという認識を持っています。私が大学4年生のとき「就活はゴールではなくスタートだ」とよく言われたものですが、発達障害を持つ人にとっては"就職支援"と同じくらい、仕事がスタートしてからの"定着支援"も必要だと実感しています。そこで次に、晴れて仕事をスタートさせたものの、壁に突き当たり、それをなんとか克服しようとした事例を紹介します。

事例1　学校と会社のギャップ

「簡単にできないなんて言ってはいけないよ。できなくてもいいんだ。でも一生懸命がんばった過程が大切なんだ。」

この言葉を聞いて、明らかに間違いだという人は少ないでしょう。教育の世界では、結果よりその過程を大切にします。しかし、働いていく中でその価値観はトラブルに発展する可能性があることを思い知らされました。

Aさんは倉庫内作業の職場でダンボールを500個組み立て、アルファベット順のエリアに100個ずつ振り分ける作業を頼まれました。それらのダンボールは、間もなく始まる次のピッキング作業に使われるもので、その作業はやや急を要するものでした。しっかり者で真面目なAさんは、「はい、分かりました」と快諾して作業に取りかかりましたが、実は数字が苦手でした。1つ、2つと最初こそ順調に数えましたが、100に達するかしないかのところでその数が分からなくなり、もう一度最初の1から数えなければならなくなりました。何度やっても、同じ時点でつまずくのですが、めげずにとにかく一生懸命数えました。

いざパートの人たちがピッキングの作業を始めようとしたとき、ダンボールはまだ仕分けされていません。上司はAさんに対して強く怒りました。「なんで、終わっていないんだ。仕事が進まないじゃないか。できないなら、なぜ言ってくれなかったんだ」。他の社員も手伝って、その日の出荷はなんとか時間通り間に合わせることができました。

実は、Aさんが仕事に穴をあけたのは、これが初めてではありませんでした。自分の仕事を最後まで一生懸命やろうとしたAさんは、学校であれば褒められたかもしれません。しかし職場では、結果的に

周りの人に迷惑をかけてしまいました。

　定型発達の人は、「頼まれた仕事を責任もって一人でやること」と「仕事に穴をあけないよう助けを求めること」に対して無意識にバランスをとっています。一方で、あいまいな物事の判断が困難である広汎性発達障害を持つ人は、経験からこのことを身につけることは難しいのです。実際このケースにおいても、数えることは他の社員にお願いしました。しかし、配慮ばかりをお願いしたのでは周りの方々の負担が増えるだけです。なので、Aさんはダンボールを組み立てる速さは社内で1番になれるよう努力しました。すぐに速くはなりませんでしたが、まじめに取り組むAさんの姿を目の当たりにして、それまで以上に周囲の方々の目が温かいものに変わっていました。苦手さのカミングアウトとスキルアップを同時に行ったことで、上司や同僚の信頼を回復するどころか、かえって強固にできた事例です。

◎ 事例2　努力ではどうしようもない壁

　環境変化への対応に時間のかかる発達障害を持つ人にとって、社内の人事異動は鬼門と言えます。特にキーパーソンと言われる直属の上司が変わり、その考え方が180度違うようなときは、支援者がフォローしてもうまくいかないこともあります。

　Bさんはある食堂で皿洗いの仕事をしていました。スポーツ新聞が好きで3時の休憩時間になると空いている席でそれを読むのが日課です。当時の上司もそれを認めていました。

　しかし、1年後、その上司が異動になって状況は一変します。新任の上司は「休み時間といえどもお客様の席に座るのはよくない」という方針を掲げ、席に座ることはできなくなりました。そのことに対してBさんは「今までよかったのに、なぜダメなんだ」と反発したために、両者の信頼関係は完全に破綻してしまいました。私が会社を訪

問したときは、上司に何を言っても聞き入れてもらえず、やむなくBさんは退職してしまいました。

　障害を理解し社内での引継ぎが重要であることには変わりませんが、それは周囲の意識の問題です。当事者ができることと言えば、環境が変わったときにジョブコーチのような第三者に関わってもらうなど限られたものです。たとえあらかじめ障害特性を伝えていたとしても、経済状況や会社の方針によって職場環境が変わってしまうことは珍しいことではありません。

◎ 安定した暮らしのために

　"就労の継続は「善」、離職は「悪」"と考える人がいます。しかし、それにとらわれ過ぎると、環境の変化に対応できない自分を責めてしまい、次の就労意欲をそいでしまう可能性があります。

　40年にもおよぶ職業人生を考えれば、毎日が順風満帆にいくとは限りません。キャリアの形成上、いたずらに転職を繰り返すことは避けなければなりませんが、万が一、辞めてしまったとしても自分自身を否定することがないように心づもりをするべきです。そして、相談できる人を持ったり、あるいは就労支援機関を利用したりして、さまざまな事態への見通しをもっておくことが、安定した暮らしにつながっていくのです。

第2章

仕事の実際

服装・身だしなみ

✓ 清潔感のある身だしなみを

　ビジネスシーンでは、相手に好印象を持ってもらうことが大切です。会社の中で気持ちよく仕事を進めていくためには、周囲の人に不快感を与えず、好感を持ってもらうための心配りが重要と言えます。

　同様に、社外の取引先にも好感を持ってもらえれば、仕事は円滑に進み、ひいては会社の業績にもつながります。その前提として、清潔感のある身だしなみは欠かせません。あなたの身だしなみが仕事の評価にも影響することを覚えておきましょう。

表2 男性の身だしなみ

上着	● 無地またはダークカラーでベーシックなシングルのスーツが基本。色は紺、チャコールグレー、グレーなどが無難です。帰宅したら、シワにならないよう必ずハンガーに吊るします。出勤前日の夜に状態を確認し、シワがある場合はアイロンをかけておきます。肩にフケが落ちていないか気をつけます。 ● ボタン　3つボタン、2つボタンに関わらず、上着の一番下のボタンは留めません（一番下のボタンを留めたままにしておくと椅子に座ったときにシワが寄ってしまいます）。 ● あいさつするとき　普段はボタンを留めずに上着を着ている人も、取引先や目上の人にあいさつをするときには、上着のボタンを留めます（3つボタンのときは真ん中のボタン、2つボタンのときは上のボタン）。

	● ポケット　　ポケットが膨らむほど物を入れないように。
ワイシャツ	白いワイシャツが基本。ビジネスの場では派手なストライプ柄などは選ばない方が無難です。ワイシャツのボタンはきちんと留めます。襟、袖口がヨレヨレになっていないか、黒ずんでいないか注意しましょう。アイロンをかけるのが苦手な人はクリーニングに出すか、シワになりにくい形状記憶シャツを選びましょう。
ズボン	折り目がついている状態が基本。ひざが出たり、シワになったり、折り目がとれたらアイロンをかけます。アイロンがけが苦手な人は、ズボンプレッサーを利用するとよいでしょう。ズボンをはくときは、ずりおろして腰ではいてはいけません。 　ベルトもビジネスシーンにふさわしい黒や茶色のものをスーツの色に合わせて着用しましょう。擦り切れたら、新しいものに替えます。
ネクタイ	ビジネスにふさわしい色やデザインのネクタイをスーツとワイシャツの色に合わせて選びましょう。ネクタイ売り場の店員の意見を参考にして選ぶのも一つの方法です。
その他の小物	● ソックス　　スーツと靴の色に合わせます。ビジネスシーンでは紺、グレー、黒、茶系などのダークカラーが基本です。白いスポーツソックスはスーツには適しません。爪先やかかとに穴があいていないことを確認しましょう。 ● 革靴　　黒、茶色などスーツの色に合わせて選択します。朝、家を出る直前に靴を磨くのは慌ただしくなるので、前の晩に磨いておきます。かかとがすり減っていたら直しておきましょう。 ● 持ち物　　カバン、財布、名刺入れなどは、ビジネスシーンにふさわしい落ち着いた色や素材のものを選びます。

ヘアスタイル	きちんとカットし、前髪が目にかからないようにします。フケや臭いが出ないよう洗髪し、清潔に保ちます。出勤時には髪に寝ぐせがついていないかをチェックする習慣をつけましょう。
その他の身だしなみ	● 顔まわり　朝晩の洗顔、歯磨きは清潔さを保つために欠かせません。ヒゲの剃り残しがないか、鼻毛が見えていないかにも気をつけます。 ● 爪　爪は、家できちんと手入れをしておきます。 ● 汗　汗をかきやすい人は濃い色のワイシャツを着ると汗染みが目立ちやすいので、夏場は白いワイシャツにしましょう。 ● におい　体臭の強い人は、エチケットとしてデオドラントを使用しましょう。

表3　女性の身だしなみ

上着	服装はその職場のドレスコードに合わせましょう。一般的に上着は紺、チャコールグレー、こげ茶、ベージュ系など落ち着いた色にします。清潔感のある服装が基本です。
インナー	オフホワイト、パールグレーなど白系や淡い色を基調にすると上着と合わせやすいでしょう。
スカート	スカートにほつれがあったら直しておきます。スカート丈は職場にふさわしいか注意しましょう。
ズボン	ズボンの裾をひきずっていないか注意しましょう。
その他服装	露出度が高いものやカジュアル過ぎる服装はNGです。汚れ、シミ、シワに気づいたら、すぐに手入れをしておきます。
化粧	オフィスでは素顔よりも、薄く化粧をしている方が好まれます。清潔で健康的な印象を心がけましょう。口紅の色はピンク系、ベージュ系が無難です。昼食後は口紅が取れてい

	ないかチェックし、取れていたらつけ直しましょう。香りに過敏な人がいる場合もあるので、香水やオーデコロンはつけすぎないようにします。
ヘアスタイル	毎日清潔にし、きちんと手入れをします。寝癖がついていないか確認しましょう。前髪は目にかからないようにします。明るすぎるヘアカラーもオフィスシーンには適しません。目立つヘアアクセサリーも避けます。
身だしなみ	爪の手入れに気を配りましょう。マニュキアも薄い色が無難です。
靴	ビジネスシーンに適したものを選択します。黒や茶系のシンプルなローヒールが無難です。
アクセサリー	電話や仕事の妨げになるような、動くと音が出るアクセサリーはNGです。

職場の服装あれこれ

　最近は私服着用の会社が多くなっていますが、銀行の窓口係などのように制服がある場合、通勤着は自由です。ただし、制服に合わせる靴は、黒でヒールが高くなく、かかとをベルト（バックル）で留めるなどの指定があると思いますので、それに従います。

　私服着用の場合では、洋服の組み合わせについての相談をよく受けますが、カジュアルな服装を勧める職場にどんな服装で通勤してよいかわからないという相談もありました。ファッションに興味のない方は、どんな服装が適切なのか判断がつかない場合もあると思います。周囲の人に相談しながら、基本的な組み合わせを何種類か決めておいて、そのパターンの中から選んで着るようにするとよいでしょう。

遅刻は厳禁！

✓ 生活リズムを整える

　社会人になったあなたは、常に万全の状態で仕事に臨むことが期待されています。体調がベストな状態で出勤し、仕事に取り組みましょう。そのためには夜更かしをせず、規則正しく睡眠をとることを心がけ、早寝、早起きの習慣をつくりましょう。特に週末や長い休みのときには睡眠のサイクルが乱れやすいので注意します。

✓ 持ち物は事前に準備する

　出勤時に必要なものは、必ずいつも同じ場所に保管しておくようにします。それでなくとも、朝の出勤時は慌ただしいものです。朝になってから探し物をすることのないように、必要な資料などは前日にカバンに入れておきます。入れ忘れがないように、持ち物チェックリストと一緒に置いておくことも有効です。常日頃持ち歩くもの、明日だけ入れて持って行くものとに分けて、それぞれの品物名を挙げて、再度確認すればより確かです。

✓ 余裕をもったスケジュールを組む

　出勤までのスケジュールを時間ぴったりに組むことは避けましょう。万が一、何か突発的な出来事が発生した場合でも対処できるように、始

業時間の最低 10 ～ 20 分前には職場に到着する時間に出勤するようにします。朝の出社のリズムが狂うと一日の行動にも影響が出てきます。朝の仕事の出足をスムーズに進めるためにも、十分に余裕をもったスケジュールを立てることをおすすめします。

✓ 交通機関のトラブルのとき

　「電車が止まった」「電車が大幅に遅延している」「バスが交通渋滞に巻き込まれた」など理由如何によらず、出社が遅れそうなときは始業時刻前に職場に遅れる旨の連絡を入れます。

　直属の上司が電話に出られない場合は、電話に出た人に伝言をお願いします。連絡のタイミングは、電車やバスに乗る前に入れるのが基本です。混雑した電車の車内で携帯電話を利用するのは、他の乗客の迷惑になるのでマナー違反です。交通機関のトラブルで車内から出られず、始業時刻前に電話をすることができそうもないときは、車内から職場の人に携帯のメールでとりあえず遅れる旨の連絡を入れて、駅に着いてからあらためて電話連絡をしましょう。メールを送った相手が不在の場合、始業時刻に遅れることが伝わらないので、複数の人宛てに連絡します。

例：「おはようございます。○○課の○○です。車両トラブルで○○線が止まっています。申し訳ありませんが、○分くらい遅れます。よろしくお願いします」

　交通機関のトラブル等は自分の責任ではありませんが、始業時刻に遅れることに対して「申し訳ありません」と謝罪の言葉を入れるのが一般的です。また、必要に応じて駅改札口で「遅延証明書」をもらい、出社したら提出します。緊急の場合の連絡方法を事前に職場の方々と決めておくと安心です。

職場に連絡しても誰も出ないとき

　連絡を入れたときに、まだ誰も出社していない場合があります。その際は、しばらく時間をおいてから再度連絡します。電話で連絡がついたときに始業時刻を過ぎていた場合は、前に連絡を入れていたことを付け加えて、次のように伝えます。

例：「○○課の○○です。さきほども連絡したのですが、電話がつながりませんでした。車両トラブルで○○線が止まっています。申し訳ありませんが、○分くらい遅れます。よろしくお願いします。」

クライアント訪問に遅れそうなとき

　クライアント訪問の際はなおさらです。会社の代表者として訪問するにも関わらず、約束の時間に連絡も入れずに遅刻するようなことがあってはいけません。車両トラブルなど、交通事情によりやむなく到着が遅れる場合は、必ず約束の時間の前に電話でそのことを伝え、丁重にお詫びをしたうえで、相手のスケジュールを確認します。約束の時間に遅れて申し訳ないという誠実な気持ちを相手に伝えることが重要です。

例：「○○社の○○と申します。本日○時にお約束をいただいておりましたが、○○線に車両トラブルで遅れが出ています。申し訳ありませんが、お約束のお時間に○○分位遅れそうです。お打合せの開始が遅れてしまいますが、○○様（相手）のご都合はいかがでしょうか？」

とクライアントのスケジュールを確認します。相手の都合がよければそのまま訪問します。相手に次の予定が入っていて、到着が遅れると打合せの時間が持てない場合は、謝罪の言葉を伝えて、あらためて別の日時で訪問の約束をします。

クライアント訪問の対応法

①タクシーを使う

　電車が止まったときに、タクシーに乗ってでも時間までに行くべきか、悩む人もいると思います。あなたが約束の場所にいなくては仕事にならない場合で、タクシーを利用すれば時間に間に合うときはもちろん乗るべきです。

②同行する人に連絡する

　同僚や上司と一緒にクライアントを訪問する場合は、「こういう事情で何分位遅れますのでよろしくお願いします」と、同行する人に連絡します。遅れると予測される時間が5〜15分程度の短い時間であれば、あとから駆けつけることも可能ですが、それ以上遅れる場合は同行する同僚や上司に相談し、判断と対応をお願いしましょう。訪問先が自分のクライアントであれば、自分の代わりに、クライアントに約束に遅れることを説明し、対応してくれるように依頼します。もちろんクライアントに「こういう交通の事情で自分は御社を訪問することができませんが、上司の○○は予定通りお伺いします」などと、随時連絡を入れる必要があります。交通事情等の影響による遅刻の場合は、きっちりと連絡をとるだけではなく、業務に支障をきたさないように関係者と連絡を取り合い、必要な引継ぎ事項などを伝えます。

　都市で電車通勤をしていると、電車が事故などで止まるのはよくあることです。しかし、ビジネスにおいて遅刻はあなたとお客様との信頼関係に大きな影響を与えます。遅刻という出来事一つにも誠心誠意対応し、クライアントや職場の方の信頼を得ましょう。

あいさつを使い分ける

明るいあいさつでイメージアップ

　第1章「なぜあいさつが必要か？」(p.34)であいさつの大切さがわかった上で、時間帯と相手に応じた使い分けが必要となります（表4）。会社によって独自の習慣がある場合は、それに従います。

表4　時間帯・対象別のあいさつ

時間帯	社内の人	お客様
朝	おはようございます	いらっしゃいませ
昼	こんにちは	いらっしゃいませ
夕方	お疲れさまです	いらっしゃいませ
退社時	お先に失礼します	ありがとうございました

①朝、出勤したとき

　朝の出勤時に会社の人と出会ったら明るく大きな声で「おはようございます」とあいさつしましょう。目上の人には下の者から先にあいさつするのが基本です。爽やかなあいさつは好感度をアップさせます。あいさつを交わさないと無視されていると感じる人もいるので要注意です。

　室内に大勢の人がいて、誰にあいさつをしてよいかわからないときには、部屋に入るときに皆に対して、または職場のチームの人たちに対してあいさつします。大きな声であいさつするのはよい習慣です。

②社内の人とすれ違うとき

　昼間、社内で社員とすれ違うときには、その日初めて会う人に対して

は「こんにちは」とあいさつします。朝のあいさつを済ませている場合や済ませたかどうかわからない場合は、「お疲れさまです」と言うのが無難です。大企業では社員数が多く、他部署の人の名前も顔もわからない場合もあるかと思います。そのような場合は、声を出してあいさつするのではなく、すれ違う際に黙って軽く会釈をします。

③お客様とすれ違うとき

　廊下で社外の人とすれ違う場合は「いらっしゃいませ」と言ってすれ違います。もしくは黙って会釈しながらすれ違うのがマナーです。お客様が帰る場合は「ありがとうございました」とあいさつします。

④退社するとき

　退社時は、上司と周囲の人に「お先に失礼します」とあいさつして退社します。先に退社する人には、「お疲れさまでした」とねぎらいの声をかけます。ただし、相手は退社するのではなく仕事で外出する場合もあるので混同しないよう注意が必要です。また、昼と夕方の判断に迷ったら「お疲れさまです」とあいさつします。

⑤職場以外で会ったら

　職場の一員となったからには、職場以外で上司や同僚に出会った場合でも、お互いの関係は変わらないためあいさつは必要です。
　また、取引先や仕事を通じて会った人に対しても同様です。一度しか会ったことがない、あるいは相手が自分を覚えているかどうかわからないといった場合には、にこやかに軽く会釈をします。なかにはあなたのことを覚えている人もいるかもしれません。その場合、職場の社員教育が評価され、企業や職場のイメージアップにつながります。

就業時間中のマナー

　職場では、毎日多くの人たちと仕事をすることになります。同じ時間を共有する中で、就業時間中に気をつけなければならないことが数多くあります。その中の主な事柄をいくつか取り上げて説明します。いずれも些細なこととはいえ、仕事を進める上では重要なポイントです。

会話は手短に、おしゃべりは厳禁

　仕事上の会話は手短にするのが原則です。ふとしたことで、相手とおしゃべりを始めてしまった経験はありませんか？　話が長くなれば、相手の仕事を邪魔することになってしまうことを覚えておきましょう。

　また、話し声は周囲の人にとっては耳障りな騒音に感じられることもあります。特に仕事に直接関係のない話題や雑談などは就業時間中には避けるようにしましょう。また、ランチタイムや休憩時間に雑談をするときにも、相手の都合を考慮してから会話をするように心がけます。時間が経つと話題への興味も薄れ、相手にとっては迷惑になるかもしれないからです。

仕事中の携帯電話のマナー

　就業時間中は、仕事に集中しなければなりません。携帯電話に気がとられることになるので、個人の携帯電話を手元に置くことや、通話やメールチェックもしてはいけません。必要な場合は、休憩時間や食事時に行

います。また、着信音も迷惑の原因になるので、電源は OFF にしておくか、マナーモードに設定しておきます。

✓ 無断で持ち場を離れない

　複数の人たちと作業をしている場合、黙ってその場を離れてしまうと作業の流れを止めてしまうことになります。それによって、作業ミスや周囲を巻き込んでの事故、怪我を引き起こす可能性もあります。トイレに行きたくなったり、体調が悪くなったり、やむを得ない用事がある場合には、一緒に作業している人に声をかけてから持ち場を離れるようにしましょう。持ち場に戻ったら、お詫びを伝えてから作業に戻ります。

　また、会議や打合せなどでは、その場を離れることは議事進行を止め、参加者の予定を乱すことになるので基本的に避けるべき行為です。トイレは、会議の始まる前や会議室への移動時に済ませておきます。

✓ こまめに休憩をとる

　長時間集中して作業をしていると作業効率が低下し、注意力が散漫になりがちです。さらに、作業進捗が悪くなれば周囲に迷惑をかけてしまうかもしれません。それを避けるためにも、定期的に自分で集中できる環境を作り、気分を切り替えるための休憩をとることが大切です。

　休憩（トイレ休憩含む）のとり方は、たとえば午前1回・午後2回、時間は5分から10分程度など取得時間帯を決めておくとよいでしょう。ただし、頻繁に休憩をとったり、長時間持ち場を離れてしまうと、周囲の人に「体調が悪くなり動けなくなったのではないか」と心配されたり、「怠けているのではないか」と疑われてしまうので注意が必要です。

進捗を報告する

　第1章「組織のルール」（p.30）で、仕事の基本である「報告・連絡・相談」を取り上げました。自分の担当業務の進捗状況を上司や先輩に知ってもらい、継続して円滑に業務を遂行するためにも報告は確実に行わなければなりません。しかし、頻繁に上司に伝える必要もありません。上手に伝えるためには、タイミングと伝え方がポイントです。

報告の目的とタイミング

　上司に進捗を伝える目的とタイミングは、以下の3つが挙げられます。
①**仕事を始める前**
　今日一日、どのようなスケジュールで仕事に取り組むか、現在従事している仕事内容を伝える。
②**予定した仕事が完了したとき**
　予定の仕事量、期間を一区切りとして、現在の進捗状況を伝える。
③**予定通りに進んでいないとき**
　現在の進捗状況を把握してもらい、遅延となっている原因の特定およびその解決方法を検討するための材料を速やかに報告する。
　このように仕事の状況に応じて、報告するタイミングは異なります。トラブルの発生など進捗に影響があるときほど、早めの報告が必要です。言い出しにくいこととはいえ、聞かれたときに話せばいいと後回しにすればするほどトラブルが悪化して、取り返しがつかない状況に陥ります。そうなっては信用もなくなり、仕事を任せてもらえません。

✔ 声をかけるタイミング

　では、実際に上司に対してどのように声をかければいいでしょうか？
　まず、声をかけるタイミングとしては、就業時間内に上司が自席や持ち場にいるときが基本です。上司の仕事の妨げにならないように、電話中や打合せなどの会話中、外出しようとしているときは避けます。
　次に、声をかけるときは、「お忙しいところ申し訳ございません。お時間ありましたら、現在の進み具合を報告したいのですが、いかがでしょうか？」と、上司の仕事を中断してしまうことへの謝罪を表す言葉を冒頭に加え、報告したい旨を伝えます。
　上司が忙しい場合は、先送りになることもあるので、「いつぐらいがご都合よろしいでしょうか？」と目安となる時期を取り決めるようにします。上司を含め他の人も各々のスケジュールで動いています。うまく時間調整ができないときは、早く報告を済ませたい気持ちは抑えつつ、待っている間にできる仕事を探して進めておきましょう。

✔ 報告の内容

　上司に報告する際には、「何が」「いつまでに」「どのくらい」「どんな内容で」完了したのかについて、口頭で正確に伝えます。スケジュール表など現在の進捗状況と全体予定を比較できるものがあれば合わせて提出します。さらに、仕事の成果物があればそれを見てもらいましょう。報告を終え、上司からさらにどうすればよいか、今後の予定や指示がある場合は、その指示・命令に従って次の仕事・作業に進みます。万が一、修正・変更などがある場合には、今後のスケジュールへの影響を上司と確認して、すみやかに取組みます。

困ったときの対処法

　仕事を進めていく中で、予期せぬことは必ず起こります。どんなに段取りやスケジュールを決めて臨んだとしても、変更を余儀なくされる場面があります。企業を取り巻く環境は刻一刻と変化しており、自分が関係せずに起こりうる変化もさまざまです。では、そのような変化が起こったときにはどのように対処すればいいのでしょうか？　想定されるいくつかの場面を例に挙げて、対処法を紹介します。

✓ お客様からクレームを受けた！

　お客様からクレームを受けた場合には、自分の責任ではなくても、「大変申し訳ございませんでした」と謝罪をします。お客様から見れば、あなたは企業の代表です。お客様からの苦情は必ずといっていいほどあり、苦情が出ない企業・法人は存在しません。お客様の価値観はそれぞれに異なり、ある人にとってはよいことでも、ある人にとっては悪いことにもなりえます。お客様の対応には細心の注意が必要とされるため、新人であるあなたは謝罪をしたあと、「担当者に代わります」と上司や別の担当の人に代わってもらい、対応を任せるのが無難です。

✓ 上司から叱られた！

　うっかりして仕事でミスをしたときなど何かしらの理由で上司から注意をされたり、叱られたりすることもあるでしょう。上司からだけでな

く、先輩や同僚など他の社員からも注意や叱りを受けるかもしれません。直接、自分の行為が原因となっている場合もあれば、そうでない場合もあります。しかし、注意や叱りを受けるということは、多少なりとも、あなた自身に何かしら関係があるということです。

実は、あなたがよいと思って行ったことが裏目に出て、他の人の迷惑になったり、状況を悪化させてしまうこともあります。この場合、注意や叱りを素直に受け止めて、「何が起きたのか」「自分はどうすればよかったのか」をはっきり聞いておくことが適切な対処法と言えます。

逆に、悪い対応例としては、ここで上司や周囲の人の指示や指導、環境が悪いと反論することです。責任転嫁することによって対立が生じ、あなた自身の信用が落ちてしまいます。注意や叱りは、あなた自身に対する仕事への期待が込められているものと捉え、次の機会に活かすための教訓として受け止めるようにしましょう。

納期が変更になった！

最初に立てた計画やスケジュールに沿って仕事を進めていたとしても、顧客の事情やトラブルにより予定が変更になることがあります。現実の社会の中では、変化することは当たり前となっています。会社や職場の方針、上司からの指示・命令・指導、同僚や他部署からの指示・情報、顧客からの要望なども常に変化します。

仕事をする中で、自分の考え方や自分なりのやり方が固まってきた矢先に突然予定が変更になることは、自分の中の"こだわり"に反し、不愉快に感じるかもしれません。しかし、予定は変わるものと受け止めて、「変化にどのように対処するか」「どのように組み立て直すか」を上司と相談しながら、前向きに取組むことが社会人として求められます。

残業する？ しない？

　仕事の進捗状況や職場の事情により、「残業をする、しない」の判断に迷う場面が多かれ少なかれあると思います。そのときの振る舞い次第では、自身の信用を落としかねません。適切な対応を覚えておきましょう。

✓ 1日の仕事が終わったら

　退社するときには、上司にその日の作業の完了報告を済ませて、翌日の仕事のための準備をします。上司から残業の指示がない限り、そのまま退社して構いません。

　しかし、いつも順調に仕事をこなせるとは限りません。トラブルの発生で予定が変更となり、仕事の内容自体を大幅に見直さなければならないこともあります。それにも関わらず期日だけは延びない場合、「仕事を完結させるためにどうすればよいか」「残業すべきかどうか」を上司と相談します。もちろん、残業という余計な負担をかけることなく解決できるのであれば、それに越したことはありません。しかし、職場の環境や人員状況により、どうしても残業せざるを得ない状況も出てくるでしょう。そのときは、上司から指示があるので、その指示に従います。残業した場合は、時間外労働として申請します。

✓ 一人で完結する仕事はない

　どんな仕事でも自分一人だけでこなせているわけではありません。上

司や同僚らを含めて、多くの人が関わり、目に見えない協力や支援があってこそ成し遂げられています。したがって、自分だけの仕事が終わったからといって、何もしなくていいとは限りません。

特に、チームで取り組んでいる作業の進捗の遅れや所属する部署内でのトラブルが発生したときには、急務の仕事が入り、人手が足らない状況かもしれません。退社時に作業の完了報告を行うタイミングで、「何かお手伝いできることはありますか？」と上司や同僚らに声をかけてみましょう。自分の担当外の仕事でもチームのために手伝えることがあれば、頼まれるはずです。

できる範囲の協力をする

周囲の人より先に退社することは悪いことではありません。ただし、一声かける気遣いで周りからの印象がよくなることは確かです。余裕がないときにまで無理をして残業する必要はありません。あなた自身に変更することのできない急ぎの用事や約束事がある場合は、自分の予定を優先させましょう。無理をしてまで協力すると、逆に相手に気を遣わせてしまい、後々お互いに気まずい思いをすることになります。協力したいという気持ちや行動が周囲に伝われば、あなたの信用は落ちません。

そもそも残業とは、労働に関する法律に基づいて労使協定が締結され、就業規則等で規定されていれば、会社は業務命令として従業員に残業を命令することができることになっています。そして、従業員は正当な理由が無い限りこれを拒否することはできません。しかし、形式ばかりにこだわってしまうと周囲の人たちと円満に仕事を取り組むことはできません。このような取り決めの内容によらず、お互いに助け合おうとする気持ちを持つことが大切です。

頼みごと、頼まれごと

　会社組織で行う大規模な事業は大きく機能分担され、さらに各職場でそれを細分化し、各人が割り当てられた担当業務を進めていきます。仕事は、一人だけで進めていけるものではありません。「分担」と「協働」の組合せです。組織に所属する限り、人とのやりとりは避けて通れません。そして、人に頼みたいこと、人から頼まれることも必ず出てきます。

頼みたいことがあったら

　仕事を始めて間もないときは、初めてのことばかりで、「次に何をすればいいのか」「作業が思い通りに進まず、どうすればいいのか」など戸惑うことも多いことでしょう。そのようなときは、「誰かに質問したい」「聞いてほしい」と思うものです。しかし、そのまま黙っていても先には進まないので、上司や周囲の人に聞かなければなりません。

①聞きたいことをまとめる

　今どうしようもなく困った状況で、近くにいる人に声をかけて助けてもらいたいけれど、声をかけるタイミングも見つからず、うまく声がかけられない。言いたいことがありすぎて頭の中で収拾がつかず、質問する内容もはっきりしない。まとまらないので、どうしても相手に伝わらない。このような歯がゆい思いをした経験はありませんか？

　そのような経験のある人は、まずは聞きたいこと、話したいことをまとめる必要があります。仕事を進めていくうえで、「これからどうすれ

ばいいのかわからない」などの困った状況に直面した場合、今の状況を整理します。具体的には、自分が行う予定の作業や発生したできごと（作業を中断せざるを得ない原因）、対応できずに残した作業などを報告したうえで、自分が次にとるべき行動を質問し、指示を仰ぎます。追加情報として、数値で表せるもの（その時点での期限、できた量、残った量など）があれば、報告した方がなおベターです。

②声かけをする

　聞きたいこと、話したいことがまとまったら、次は誰に、いつ声をかけるかを決めます。声をかける相手は、上司や指導・教育担当者、先輩社員の順が一般的です。しかし、上司も含めて職場の誰もが仕事を抱え、自身で決めたスケジュールに沿って動いています。自分の都合だけで声をかけることは、相手の仕事の邪魔をすることにもなります。特に、会議中や打合せ中、電話中、外出中もしくは外出間際は避けるべきです。

　声をかけるときは、次のように自分の話を聞いてもらえる時間があるかどうかを伺うことから始めます。

　「お忙しいところ申し訳ございませんが、担当の仕事の件でお聞きしたいことがありますので、今お時間をいただいてもよろしいでしょうか？」という具合です。時間をとってもらえるようであれば、あらかじめまとめておいた内容について問合せをします。

頼みごとにも限度がある

　何でも人にお願いすれば、助けてもらえると思って、過度に頼みごとをすることは、"甘え"と捉えられます。仕事に対する責任感がないと見なされ、低い評価が下されるかもしれません。また、頼まれた人も自

分の仕事を持っており、その進捗まで影響をおよぼされることになります。迷惑をかけないためにも、仕事を始める前に上司や依頼者を交えて作業手順をすべて確認しておかなければなりません。また、できない理由や失敗した言い訳を上司や指導・教育担当者、顧客など周囲の環境が悪いと責任転嫁することも評価を下げます。困難を伴わない仕事はありません。大なり小なり仕事には難しさがあります。難しさを克服することで、人から認められるのです。周囲も仕事の難しさは理解しています。仕事は、責任も含めて任されるということを忘れてはいけません。

仕事や用事を頼まれたら

　新人のときは、上司や先輩社員から指示が出され、あちこちから仕事を頼まれます。基本的には、頼まれた仕事は断らず、引き受けてすぐに取りかかります。とはいえ、すべての仕事を引き受けてしまうと、締切りに間に合わず、どの仕事も未完了になってしまうおそれもあります。そこで、仕事を頼まれたときの基本的な対応方法を覚えておく必要があります。

①引き受けるかどうか判断する
　あなたに時間の余裕があれば、急な仕事の依頼を受けたとしても慌てることはないと思います。しかし、今まさに実行している仕事があり、空いている時間がないときには、どのように対応すべきでしょうか？
　就業時間中に頼みごとを受けたら、まずはその内容をよく確認します。話の内容と実際に行うことが違う場合やあなたが対応できないくらいに難易度が高い場合があります。そのような仕事を手伝ったとしても、余計に迷惑をかけることになりかねません。

次に、当日のスケジュールを見て、今行っている仕事の期限、残量を確認し、期限までに済ますことができるかどうかを判断しなければなりません。とはいえ、自分の仕事にどのくらい影響するかの判断はつきにくいものなので、この場合は、上司と相談して受けるかどうか判断する旨を相手に伝えることが適切な対応と言えます。
　頼みごとをされることは、頼りにされている証でもあり、自分が必要とされているという存在意義を実感する場面でもあります。仕事を覚えるうえでは貴重な体験で、断ることなく引き受けるようにしたいところですが、実際に引き受けるか断るかは上司とよく相談して決めましょう。

②仕事以外の依頼は断るケースも
　職場では仕事の依頼だけでなく、仕事に直接関係のないこと、例えば、プライベートな相談ごとやテレビ番組の話題、趣味・娯楽の話、会社や人の悪口などを話しかけられ、話を聞いてほしいとお願いされることがあります。これらは仕事の妨げになり、内容によっては聞く側も不快な気持ちにさせられます。そのようなときは、素直に今の状況を説明して、ときには断ることも必要です。
　「申し訳ありませんが、急ぎの用件があるのでお手伝いするのは難しいです」や「すみません、今の仕事で手が離せないので、あとでもよろしいでしょうか？」などと言って、うまく断ります。
　信頼してもらっている、あるいは親しみを感じてもらっていることは大変ありがたいことで、断ると自分の印象が悪くなるのではないかと考えてしまいがちですが、不用意に依頼を受けたり話し相手になることは、自分の仕事にも影響し迷惑を被ることになりかねません。あとになって後悔することにもなります。明確な理由がある場合は、依頼ごとは断りましょう。

今日の仕事は何？

　仕事は、毎日の積み重ねによって完成されます。開始があれば締切りもあります。その期間内に完成しなければなりません。締切りに間に合わせるためにも、しっかりした仕事の計画を立てておく必要があります。

　日々の具体的な活動計画（週・日単位など）を立てるときには、自分の担当する業務を細分化して、「順序立てて行うもの」と「並列に行うもの」に分けていき、それらに優先順位をつけて順番通りにつないでいきます。優先順位づけの判断は、上司や先輩と相談して決めます。取り決めた項目は箇条書きにして、各々期限を明記した図表としてまとめます。

予定を立てるときのポイント

①計画倒れにならないように

　計画を立てるときには、余裕をもったスケジュールを立てるように心がけましょう。早く終わらせることを優先させて、自分の力量を目一杯で計画を立ててしまうと、突発的なトラブルが発生したときに対処することができません。たとえあなたが一生懸命がんばったとしても計画通りに仕事を完了することができなければ、計画段階でミスをしたということになり、もっとも望ましくない結果となります。

　また、定時内に終わらなかった仕事は、通常は残業して終えるように努めることが原則です。それでもできない場合は、次の日の予定に追加します。つまり、予定変更の発生となります。そして、予定通りに進まないようであれば、すみやかに上司に報告しなければなりません。

②予定は変わるもの

　どんなにきちんと裏づけをとって決めた予定であっても、予期せぬ変化は起こります。その原因は、自分の作業ミス、顧客からの仕様変更依頼、新たな業務の受注、担当グループ全体の作業効率の悪さなどさまざまです。原因は何であれ、担当している仕事に対してあなたは遂行責任を負っています。「迷惑を被った」といつまでも八つ当たりして、こだわり続けるようでは先に進めません。障壁をとり除くための改善・改良方法を考えるほうが、建設的で前向きな人として一目置かれる存在になれます。変化をどう受け止めるかで、あなたの評価が変わってくるのです。

③予定が変わることは悪いこと？

　予定が変わることは、一概に悪いこととは限りません。自分には都合が悪くても、組織全体ではよい結果となる場合もあるからです。自分にとって都合がいいことだけが、すべてにおいてよいとは言えないことを認識しておきましょう。また、予定を変更しなければならないときは、必ず上司らと相談するようにします。変更せずに放置しておくと、自分だけでなく組織全体、そして顧客に迷惑をかけることになります。

④目に見えるようにする

　毎日の仕事の進捗を標して、予定と一緒に進捗も見えるようにします。計画表にチェックマークと完了日付を入れるなどします。書き方については、職場によって異なるので上司や同僚らに聞いておきます。

　視覚的に見えるようになると、作業の残り分を自分で把握しやすくなるのはもちろんのこと、業務全体の管理を行う上司にも一目でわかるようになります。また、業務の都合で担当が替わった場合、後任者が予定を再考するときの目安にもなります。

明日の仕事のために

　1日の予定分をこなし、上司への報告も終われば今日の仕事は終了です。でも、まだやることはあります。仕事は今日1日だけではありません。仕事はこれからもずっと継続していきます。円滑に進めていくためにも、次に備える準備を怠ってはいけません。

①持ち場を片付ける
　まず、持ち場の周りをきれいに片付けます。職場環境を清潔に保ち、作業効率をアップさせる意味においても、片付けはとても大事です。必要なものとそうでないものを明確に分けておきましょう。
　仕事で使ったものは、あなたが所有しているものと借りたものとに分け、借りた物品は元の位置に戻します。誰もが利用する備品は、独り占めしてはいけません。他の人の所有物を借りた場合は、必ず返却します。備品や業務に関するものは、職場から持ち出してはいけません。また、直接仕事に関係ない個人の所有物はそもそも職場に持ち込んではいけません。紛失してしまうおそれもあります。

②不要なものを分ける
　ゴミとして廃棄するものとあとで利用するものとに分別します。しかし、分別に当たっては注意が必要です。あなたが不要と思っても、実はあとの仕事で用いることになるものが含まれているかもしれません。逆に、何でも必要と思い込み、溜め込んでしまうのもよくありません。仕事に関する情報は常に更新され、古い情報は利用されなくなります。最

終的には、利用価値もなく不要なものになるだけの書類等は、上司らと相談しながら廃棄と保存に仕分けします。

③ 資料を整理する

　仕事中に書き留めたメモ類は、その内容を 1 冊のノートなどに転記するようにして情報の整理を行います。仕事の手順案、新規業務による納期変更、報告のための結果値など、仕事中に判明してその都度書き残していた情報を仕分けします。今後も活用するものとそうでないものに分別して、活用しないものは廃棄します。

　また、職場以外の人など部外者に閲覧させてはいけない機密情報が記載されている資料は、人目につくようなところには置かず、既定の保管場所に返却します。保管場所が決まっていない場合には、上司に保管方法について確認します。

　さらに、業務上使う資料は、すべて職場や企業が所有するものです。もしもあなたが会社を休んだとしても、職場の誰でもが見てわかるように工夫して整理しておくことも必要です。

④ 計画を確認する

　最後に、今日の仕事の進み具合を確認して、やり残している作業などがないかどうか見直しをします。どうしても作業が残ってしまったら、場合によっては明日に持ち越すことになり、明日以降の予定を再考して計画を立て直さなければなりません。そうなれば、明日の予定となっている仕事内容や準備する内容も変わってきます。それらを踏まえたうえで、明日の仕事で用いるものの所在を確認しておきます。当日になって慌てるようでは、予定通りに仕事をこなすことはできません。これらの確認を終えたら、1 日の仕事が完了となります。

Mさん（30代・女性）の場合

　一般就労をしていたMさんは職場の人間関係に困難を感じ、カウンセリングを受けているときに発達障害の可能性を指摘されました。そのとき勤務していた会社は退職することになりましたが、カウンセリングを続けるほか、発達障害に関する本を読み、関連する勉強会や当事者会に参加するなどしながら、自分の特性を受容していきました。そして、1年数ヶ月が経ち再び働きたいと希望するようになったMさんは、障害を開示して働くことを決意し、アスペルガー症候群の診断を受けました。障害者雇用枠で就職活動を始めて間もなく、経理事務補助の業務で採用されました。Mさんは面接で、自己の特性として口頭での指示が理解しにくいことから、仕事の指示はできるだけマニュアルなどの文書を準備してほしいと依頼していました。

●仕事の覚え方
　座席はパーテーションがあり、電話応対もほとんどない職場は、聴覚過敏のあるMさんにとって理想的な環境です。業務はマンツーマンでの指導で行われ、マニュアルも用意されましたが、開始早々にMさんは困難を感じることになりました。経理事務は初めてのMさんには、マニュアルはなじみのない言葉ばかりで、しかも文章での説明が多かったのです。長い文章の読み取りもやや苦手とするMさんは、マンツーマンでの指導を受けても何を説明されているのかさっぱりわかりませんでした。困ったMさんは、周りの方の協力を得ながら自分用のマニュアルを作成することを決意しました。それは、見やすいフローチャート形式でまと

められ、作業を行うときに必要なファイルや資料も番号で表示されているマニュアルです。経理の業務は月単位で一つのサイクルとなるため、このマニュアルを完成させるにはかなりの期間がかかりましたが、このマニュアルを作成することにより、作業工程がしっかり理解できるようになりました。周りの方にもマニュアルの内容を確認してもらいながら、常に追加・修正を加え、バージョンアップを心がけています。

● 就業後の課題

　業務内容の理解の次に、Mさんに求められた課題が2つありました。1つは、慎重になり過ぎたためテンキー入力のスピードが非常に遅いことでした。「余裕をもって業務を行うために、テンキーだけでもキーを見ないで打てるようになってほしい」という上司からの要望で、毎日自宅でテンキー入力の練習をしました。もう1つは、帳簿の数字の行の読み間違いにより、入力ミスが多いことを指摘されました。読み間違いをなくすために"1行分をくり抜いたシート"（入力する行以外は隠れるもの）を1行ずつずらしながら入力したところ効果があり、今でもこのシートを活用しています。

キャリアアドバイザーからの一言

● 仕事内容について

　Mさんには経理事務の経験はありませんでしたが、営業部員の営業経費を精算する業務を担当することになりました。営業部の中での経理や数字の処理を行うこの業務は、経理未経験でも数字に慣れていたり、基礎的な経理知識や大まかな勘定科目がわかっていれば、Excelの関数を使いこなせる程度のパソコンスキルで十分に対応できます。

●仕事に慣れるまで

　就業開始直後のMさんは初めての経理業務に接し、即座に理解することは困難で、非常に不安を抱えながら最初の1週間を過ごしました。必要に迫られて自分用のマニュアルを作成するようになりましたが、このマニュアルの作成開始後、耳で聞いている内容を文字にすることで自分の記憶とつながり、業務への理解が飛躍的に深まりました。Mさんの仕事への定着の様子を見ると、新しい業務への対応には時間がかかることがわかります。最初の壁を乗り越えるためには、周囲の理解と本人の努力の両方が必要です。

●定着への鍵

　就業開始当初、Mさんが早く職場に慣れるように、職場の上司がMさんと話をしたり、会社の組織について説明する時間を、毎日10分間設けました。全体の流れをつかみにくいMさんにとっては、会社について知るための貴重な時間となりました。

　これは、職場に定着するための貴重な時間となりました。Mさんは何か聞きたいことがあっても、うまく質問のタイミングをつかめないことがありますが、上司との会話の時間が設けられていることで、その時間に何でも聞くことができるという安心につながりました。

　また、上司の方は、Mさんに具体的な数値で目標を与えました。当初の課題となったテンキー入力のスピードについては「毎日10分間練習してください」という指示がありました。何をどうすればよいのか気づきにくい発達障害の人は、具体的に目標を与えられると自分のやるべきことが明確になります。現在Mさんは「〇月までにここまでできるようになること」という目標を与えられ、自主的に簿記の勉強も始めました。常にチャレンジするMさんを見守り、応援していきたいと思います。

特性の開示と理解

　Mさんの事例では、障害者雇用枠で自分の特性について開示して就職したことで周囲のフォローが得られ、職場への定着につながりました。では、職場でどのように特性を開示すればいいでしょうか？

　社員全員に知らせる必要はないと思いますが、業務をうまく遂行するためには、少なくとも自分の所属する部署の所属員と業務上の関係者に対しては開示する必要があると思います。

　就業開始時には、仕事を覚えるのに時間を必要とする人は多いと思います。自分の周りの人に、特性により仕事を覚えるのに時間がかかることを理解してもらわないと、業務・対人面で支障となる可能性があります。また、仕事を覚えるのにまごついているときは、特性により情報の入り方が弱いのか、あるいは未経験であることによるのかの見分けも必要です。あらかじめ特性を開示しておくことにより、発達障害を持つ皆さん自身と職場の方々の余計な心的負担を軽減することができます。

　職場に配属されたときの自己紹介時に自らの特性を説明している方もいます。聴覚からの認識が苦手な方の例を紹介します。

　「私は聴覚からの認識が弱く、短期記憶が弱いという点から指示を受けるときにご理解と配慮を必要とします」

　「文字情報やフローチャートなどで情報を補い、業務に慣れてくれば長期記憶に問題はありませんので、期待される業務を真面目にこなしていくことができると思います。新しい仕事を覚えるまでには多少時間がかかると思いますが、ご理解いただけますようよろしくお願いします」

　「聞いた情報より見た情報のほうが記憶に残りやすいので、口頭での指示はその場でメモをとります。時系列に沿ってご説明いただき、メモをとる時間をいただけると、頭の中でより理解しやすくなります」

ナルヲさん(40代・女性)の場合

　ナルヲ・ディープさん（仮名・以下ナルヲさん）は、30代後半に発達障害に関する書籍を読むうちに自分の特性を自覚し、医療機関を受診したところ、アスペルガー症候群という診断を受けました。知的能力は高くとも、周囲とうまくコミュニケーションがとれないなどの特性ゆえに、キャリアも変遷を重ねてきました。障害を開示して働くことが自分の安定につながると確信し、障害者手帳を取得後、障害者雇用枠で就労しています。仕事内容は、イラストレーターというグラフィック制作ソフトなどを使用してパソコン上で画像やイラストを編集する作業を行っています。

●特性と工夫

　顕著な特性としては強い感覚過敏があります。聴覚過敏への対策として、通勤時や騒音がする場所ではノイズキャンセリングヘッドホン（静音ヘッドホン）を使用しています。感覚は完全に視覚優位で、相手の顔を見ながら話を聞いていると、表情に気を取られて会話の内容が理解できなくなることがあります。そのため、長い時間のアイコンタクトができません。口頭での指示より文字情報のほうが理解しやすいという特徴もあります。とはいえ、白い紙に黒字のインクで印刷されている通常の文書ではコントラストが強すぎ、字が躍っているように見えることがあります。この軽減のために、上司の許可を得て特殊な色付き眼鏡を使用しています。仕事上で影響する特性としては、同時進行の苦手さ、優先順位のつけにくさ、全体の流れが掴みにくいことなどが挙げられます。

●スケジュール管理の工夫「毎日シート」

　スケジュール管理が苦手なナルヲさんは、一日の予定を独自に開発した「毎日シート」を使って管理しています。一日の活動は仕事とプライベートの予定をそのシートに記入することから始まります。「毎日シート」とは、一日のTO DOリストを時間ごとにまとめたもので、これをクリップのついたメモボードにはさんで常に持ち歩いています。

図3　毎日シート（ナルヲさん作成）

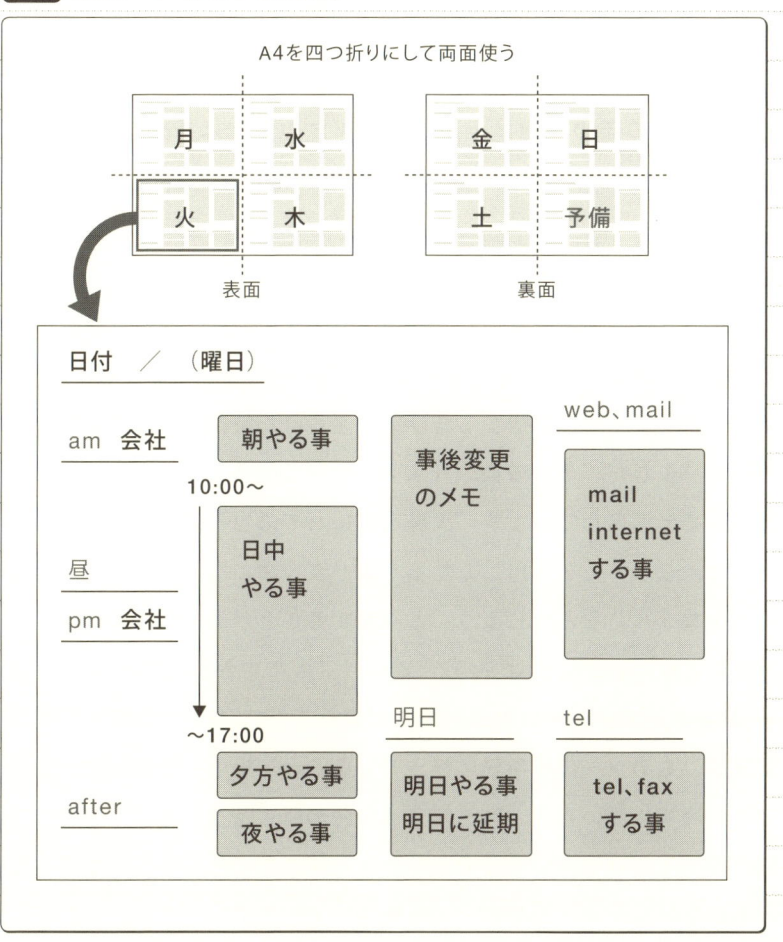

A4を四つ折りにして両面使う

月	水
火	木

表面

金	日
土	予備

裏面

日付　／　（曜日）

am　会社　　朝やる事
　　　　　　10:00〜
昼　　　　　日中やる事　　事後変更のメモ　　web、mail　mail internetする事
pm　会社
　　　　　　〜17:00
after　　　　夕方やる事
　　　　　　夜やる事

明日　明日やる事 明日に延期
tel　tel、faxする事

当日やることを朝、am、昼、pm、after（退社後）の時間帯に分けて、このシートに書き出します。書き出す（視覚化する）ことで時間配分と優先順位が理解でき、一日の流れを把握しやすくなります。済んだ項目は赤線で消していきます。変更や追加はすぐに書き足し、注意が必要な変更事項は赤で記載するなど色で使い分けします。このように色彩を多用することにより注意を喚起しています。仕事で必要なメールやインターネットのチェックも忘れないよう所定の欄に記入します。当日終える必要がない仕事や明日に回す予定は、「明日」の欄に記入します。

このシートでプライベートのスケジュールも同様に管理しています。その他、その年の予定は手帳、来年以降の予定は Web スケジューラ（Google カレンダー）に分けて管理しています。

● **自己紹介の工夫「自己紹介メモ」**

ナルヲさんはある時参加した発達障害の学習会で、名前、年齢、出身地、職業、趣味、特技など、自己紹介で話す内容をリストにしておくと、その中からいくつか選択するだけで与えられた時間内にうまく話せることを知りました。その項目のリストを自分が見やすいようにメモの１頁にまとめて活用しています。大勢を前にしての自己紹介が苦手なナルヲさんは、このメモを活用してから『頭が真っ白になって、うまく自己紹介できなかったらどうしよう』と心配することがなくなりました。

メモには「自己紹介は 30 秒、このリストの中から３つ選び、14 番から 29 番までのテーマは先輩に対して使って OK」などの情報も記載しています。このツールを手元に持っていることで安心して臨んでいるようです。職場においても、自己紹介は自分の障害特性も含めて周囲の方々にわかってもらうよい機会であり、また親交を深めるきっかけにもなると前向きに捉えて、このツールを活用しています。

表5 自己紹介のメモ（発達障害児支援 アカンパニスト 柳下記子さん作成）

1	名前	16	今、興味のあること
2	年齢	17	得意分野（得意教科）
3	出身地	18	苦手分野（苦手教科）
4	現住所	19	伝えておきたい自分の特徴
5	ニックネーム	20	伝えておきたい苦手なこと
6	前職業（出身校）	21	尊敬する人
7	仕事	22	休日の過ごし方
8	家族構成	23	好きなスポーツ
9	入学・入社・転職理由	24	好きな食べ物
10	参加した目的	25	嫌いな食べ物
11	参加したきっかけ	26	好きな言葉（座右の銘や名言）
12	今日の目標	27	行ってみたい場所
13	今日の気分（体調）	28	やってみたいこと
14	趣味	29	最近の嬉しい出来事
15	特技	30	最近の嫌な出来事

キャリアアドバイザーからの一言

　発達障害によるさまざまな苦手さに対し、ナルヲさんは独自でツールを開発するほか、視覚に訴えるメモを貼るなどの工夫を凝らして、一日の作業を問題なく終えるように努力しています。「会話が苦手なので、業務以外の雑談で相手を知ることが苦手な私ですが、一見業務に関係のないコミュニケーションが職場では大切だと思うのです」というナルヲさんは、自分のことを知ってもらうためにいろいろな方法で情報発信しています。日々のたゆまぬ努力の継続は、必ず実を結ぶと思います。

親の会「クローバー」の取組み

NPO法人　北海道学習障害児・者親の会クローバー　**長田じゅん子**

　NPO法人北海道学習障害児・者親の会「クローバー」は、札幌医科大学の佐藤剛教授（当時）および感覚統合訓練を受けに佐藤教授のもとに集まった保護者23名によって「感覚統合を育てる親の会」として1987年に発足しました。その後、90年に会名は現在の「クローバー」に改称されています。

　会の発足当時は、学習障害（LD）の認知度は皆無に等しく、親子ともども学校や社会で孤立した状態に置かれていました。そのような状況の中で、保護者らは子どもたちへの対応や学校、関係機関への啓発活動に奔走しました。

　当時は、まだ幼かった子どもたちが成長するに伴い、親たちは「子どもが高校に進学すれば、あとは大丈夫。社会に溶け込んでやっていける」という意識を持っていました。しかし、高校や大学を卒業して青年期に達した子どもたちは、なかなか就労ができない、あるいは就労しても続かないという現実に直面しました。また、原因はさまざまですが、在宅者が増加しました。近年は、青年期に達してから不適応を起こし、医療機関にて診断を受けて入会するケースも増えており、学齢期に支援を受けることができなかった青年たちの現状が浮き彫りになっています。

　そのような状況の中、社会の理解も進み、2005年には発達障害者支援法と特別支援教育の制度化が実現して、私たちの長年の夢が叶いました。それによって、会の活動にもさらに弾みがついてきました。これまで20年以上にわたって行ってきた子どもたちの成長のための

レクリエーションや親の学習会、啓発活動などを再度検証し、さらなる飛躍の必要性を感じるようになりました。そして、子どもたちが生涯にわたって安心して暮らしていける社会の実現に向けて、「親ができることを始めよう」をモットーに就労支援事業をスタートさせました。

◎ 就労支援の取り組み、初年度

まずは「私たちにチャンスをください」をテーマに掲げ、「就労支援委員会」を設置。就労支援の本格的な取組みをスタートさせました。
初年度にあたる2008年度は、就労・自立するために必要なこととして、「自己理解」をすること、多くの青年たちが直面している低下しがちな「自尊感情」を引き上げること、「対人関係のスキル」を学ぶこと、そして「仲間作りと余暇活動」を目標に掲げました。

具体的に実施したことは、下記のとおりです。
① SST セミナー：就労に関する知識の習得をする。
② 職業説明会・企業見学会：具体的な職業模擬就労および見学を通じて、"仕事"を意識する。
③ インターンシップ：短期就労を通じて、仕事を具体的に経験し、実践知識を得る。
④ 保護者の学び：親も子どもと共に成長することを目的とする。

①のセミナーでは、発達障害者支援センターや障害者職業センターをはじめ関係機関の方々を講師に迎え、「なぜ働くのか」という働くことの意識づけと社会人になるために必要なマナーを学びました。また、グループディスカッションを取り入れ、他者の考えを聞く機会を設けました。

②では、実際に複数の事業所に行き、作業現場を見学しました。

③では、スーパーの品出し、ホテルの清掃、農場作業、事務の補助、グループホームでの補助作業などの実習を行いました。

以下、セミナーを受講した子どもたちの感想（一部抜粋）です。

・健康であること、あいさつができること、仕事に集中できること。これらが今後に活用されるようにしていきたい。
・ハローワークや就労支援センターなどの役割について知ることができた。
・仕事の責任や人間関係について勉強になった。
・就職するポイントがわかった。就職活動に活かしたい。
・趣味は仕事にならないということと余暇を大事にすることがわかった。

◎ 就労支援事業２年目

事業２年目となる2009年度は、前年度の事業を引き続き行うとともに、「大地の恵みを感じたい」をテーマに農業に取組みました。

青年たちが農業のプロセスを実践しながら、農業そのものの魅力を感じ、自分の努力が生み出す成果を知り、自分の能力を再発見し、就労への意欲を高めてくれることを期待しました。札幌市近郊由仁町の農家の農園に、５月の種まきから始めて毎月２回、11月初旬まで通いました。８月のキャンプにはトマトや枝豆、レタスなどを収穫し、参加者に食べてもらいました。また、９月には収穫祭を行い、青空の下で料理を作って食べました。青年たちは、自分たちで丹精込めて作った野菜をみんなに食べてもらうという喜びを味わいました。

農園では農作業だけでなく、昼食をみんなで作りました。このことは、体験した本人たち自身が「料理が好き」と実感し、周囲の親たちも一緒に料理をすることで感じ取り、思わぬ発見に繋がりました。

この農業体験を通して、決められた時間に集合し現地に向かうこと、畑を耕して種を植える準備段階があること、草取りや水まきの世話が必要なこと、仕事をするためには人とのコミュニケーションが必要なこと、そして苦労のあとには収穫の喜びがあることなどを学びました。これらのことは、今後の社会参加に活かせると期待しています。

◎ 就労支援事業３年目と今後の展望

　事業３年目にあたる2010年度を迎えるにあたり、これまでの２年間の事業を継承しつつさらに何が必要なのかを検証しました。

　その結果、発達障害を持つ人がその特性を活かし安心していきいきと活躍できる社会を理想とし、その実現を目指した「2020年を発達障害者の飛躍元年とするプロジェクト」を顧問の先生方をはじめ、関係機関の方々のご協力を得てスタートさせました。そして、２年間の就労支援委員会を「ハッピーステージ・プロジェクトチーム」に名を改め、プロジェクトの柱を「家族支援」「自立支援」「就労支援」の３つの視点におきました。

　「家族支援」では、先輩の親がこれまでの経験を活かして相談に乗り情報を提供するシステムを作ります。また2008年度から、子育てに悩んでいる親のために講師を招いてストレスマネジメント講座を実施していますが、これを継続していきます。親が子育てをしていく中で精神の安定はとても大事なことと捉えています。

　「自立支援」では、子どもたちが社会で安心して暮らしていくためのスキルを学び、レクリエーションを通して仲間作りと余暇の過ごし方を学びます。また将来親元を離れて暮らすための訓練を徐々に行っていきます。

　「就労支援」では、インターンシップを継続しながら、関係機関との連携を図り、就労実現への道筋を作っていきます。

親の願い

　これまでの取り組みを通して、彼らは「学校卒業→就労」へと直に結びつきにくいのだと実感しました。就労へは長い年月をかけて準備を必要とするのです。

　学齢期に成功体験を多く持つこと、楽しさを味わうこと、家族以外の人たちと触れ合う時間を多く持つことは、大きくなって就労自立に役立ちます。このことから、クローバーでは小さい子どもたちに対してもレクリエーションを通した学びを取り入れています。

　学齢期に、親子ともども学校で孤立した状態に置かれる現状があります。また、学校を卒業すると就労に結びつかない子どもたちは所属する場所がなくなります。そのようなときに、親の会の存在意義があると思うのです。

　子どもたちは、日々一生懸命に生きています。「真面目」です。社会の理解が進めば、彼らの生きづらさは解消されていくと信じています。法制度により行政の就労支援は進んでいますので、いま親が、親の会がなすべきことを推し進めていき、行政や関係機関の方々と連携することが必要と考えています。

　私たち親の願いは、「親が安心して死ねること」です。その願いを実現するために、間もなく設立25年目を迎える節目の年にNPO法人として活動していくことを決めました。2020年の飛躍元年を目指してこれからも頑張ってまいります。

第3章

ビジネスの基本マナー

会議・打合せの準備

✓ 会議とは

　会社では役員が出席する取締役会や部内会議、企画会議、関係者同士の打合せなどさまざまな会議や打合せが開かれます。会議ではさまざまな議題について関係者が意見交換し、意思決定を行います。会議の進め方はまちまちですが、一般的には司会および進行役として議長を置き、あらかじめ提出された議題について、質疑応答、議論、そして議決という流れで進められます。会議の内容は、議事録として文書が作成され保存されます。

　新入社員のうちは参加する機会はあまりないと思いますが、資料の準備などの手伝いを依頼されることから始まり、いくつかに参加できるようになるかもしれません。会議には貴重な時間を割いて関係者が参加するので、効率的に進められるよう十分な準備が必要です。

✓ 会議の準備（会議を主催する担当者の準備）

①会議の開催日時の決定
　開催日時を決定後、出席者全員の都合を確認し、参加予定人数を把握します。

②会議室の予約
　参加人数に合わせた広さの会議室を予約します。予約方法や予約の管理方法は会社によって異なります。予約時間は、会議が長引くことも想

定し、実際の会議の予定時間より少し長めに予約します。

③資料の作成

　関係者と十分に打合せをして、見やすく作成します。上司より資料作成の指示を受けた場合は、上司の求める資料の内容について事前に確認してから作成します。資料ができたら上司の確認をとります。上司の了解を得て初めて出席者に配布することができます。

④資料に目を通す

　事前に配布された資料に目を通し、議題について把握するとともに問題点を洗い出しておきます。会議は多くの人の意見を集める場なので、一人でダラダラと発言してはいけません。会議では端的に短く発言できるよう準備をします。

⑤当日の準備

　配布資料を出席者数＋予備として1～2部用意します。資料をプロジェクターで大きく映し出す場合は、事前に機材を準備しておきます。

⑥座席

　室内の配置や参加人数によって異なりますが、大まかに分けると次の図のようになります。図の番号順に、参加者の役職の高い順で着席する場合が多いようです。

図4　座席順

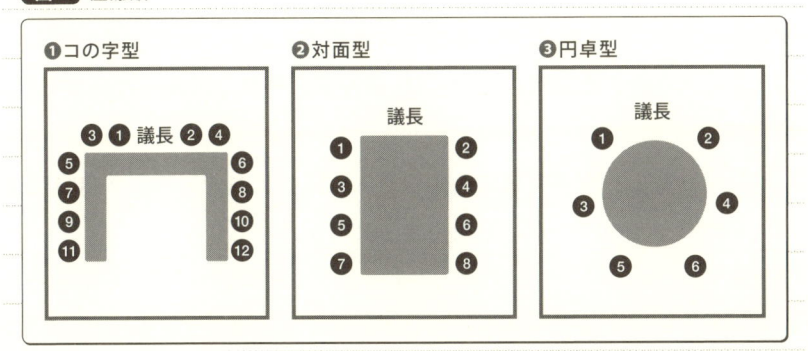

❶コの字型　　❷対面型　　❸円卓型

⑦ **議事録作成**

　会議の議事録作成を命じられた場合は、会議中の内容を正確に記録します。メモをとることが苦手で、迅速に正しく記録をとることに自信がない人は、ICレコーダーで録音しても構いません。会議終了後、社内のフォーマットに基づいて議事録を作成します。作成した議事録は出席者に送付し、修正箇所の有無について確認のうえ、特に修正がなければ、その後正式な議事録として保管します。

会議の役割分担

　会議には議長（進行役）、発表者、書記などの役割があります。会議に参加するときには与えられた役割に合わせた準備が必要です。

① **議長（進行役）**

　会議は、おおよそ次のような流れで進行します。

　開会→趣旨の説明→発表者のプレゼン→討議（質疑応答）→まとめ→次回開催日の決定→閉会

　進行役である議長は、会議の開始にあたり議題を簡潔に伝えます。発表者にプレゼンを促し、質疑応答を行い、疑問点などの解消を図ります。リードしながら討議を進め、適宜要点をまとめながら進めます。最後に全体をまとめ、次回の会議の開催日程を決めてから、閉会をアナウンスします。スムーズな進行のためには、発表者と事前の打合せが必要です。

② **発表者**

　事前に議長と打合せて会議の議題を明確にしておきます。当日の配布資料やプロジェクターなどで使用する資料を作成します。

③ **書記**

　会議の内容を正確に記録し、会議終了後に議事録をまとめます。

お茶出しのマナー

✓ タイミングと順番を覚える

●お茶を出す順番

　お客様と担当者の挨拶が済んだ頃合いを見計らってお茶を出します。お茶を出す順番は、お客様の役職の高い順からです。お客様全員のお茶を出し終えたら、自社の社員の役職の高い順にお茶を出します。一通りお茶を出し終えた後に打合せに加わった人がいた場合は、追加でお茶を出します。

　担当者がお客様をお待たせしてしまうことが予想される場合には、先にお茶を出して、「担当者が参りますまでもう少しお時間がかかりそうですので、どうぞお茶をお召し上がりください」などと案内します。このときには、担当者の分のお茶も先に運んでおきます。

　なお、最近では打合せに参加する当人がお茶出しを行う職場も増えています。自らお茶を出すときにも、お客様の役職の高い順にお茶を置きます。お茶を置いたら「どうぞ」と勧めます。

●飲みものの種類

　一般的に寒い季節は温かいお茶、暑い時期は冷たいお茶を出します。会社によってはペットボトルのままミネラルウォーターを出すこともあります。その場合は、お客様にはコップもつけて出すようにします。打合せが長引く場合は、最初にお茶を出したのであれば、次にはコーヒーを出すなど、同じ飲みものが続かないように配慮します。

電話応対の基本

🕊 電話応対はビジネスの基本

　電話の受け方、かけ方はビジネスシーンで重要な役割を持っています。電話応対の一声で会社のイメージが決まると言っても過言ではありません。電話の相手が好感を持ってくれるように明るくハキハキと丁寧に対応しましょう。かかってきた電話にはお客様をお待たせしないように10秒（3コール）以内に受話器をとるのが一般的です（職場によっては2コール以内と決めているところもあります）。また、電話応対は新人社員が担当し、先輩や上司宛ての電話を取り次ぐ職場もあれば、新人・ベテランに関わらず全員で対応をしたり、日によって電話当番を設けている会社もあるので、各自の職場のルールに従いましょう。

●社外からの電話の受け方
　　自分：「東京商事（会社名）東でございます」
　　相手：「大阪カンパニー（会社名）の西です」
　　自分：「いつもお世話になっております」
　　相手：「南さんはいらっしゃいますか？」
　先方が指名した社員が在席していることが確認できた場合は
　　自分：「おつなぎいたしますので、少々お待ちください」と告げて電話を保留します。
　　自分：「南さん、大阪カンパニーの西様からお電話です」と指名された社員に伝えます。

●取り次ぎの基本

　まず、相手の社名と名前、誰宛ての電話か聞き取ります。聞き取れない、または用件を伝えられたときは必ず確認しましょう。担当者の在席を確認して、電話を取り次ぎます。電話は保留ボタンを押して保留にし、担当者が通話ボタンを押して通話に出たことを確認します。

⇒相手が名乗らない場合は

　「失礼ですが、どちら様でしょうか？」と名前を尋ねます。そして指名された社員に「南さん、大阪カンパニーの西様からお電話です」と伝えて電話を取り次ぎます。

⇒時間がかかりそうなときは

　電話の取り次ぎで大事なことはお客様をお待たせしないことです。30秒以内に指名された人が電話に出ることが望ましいですが、それ以上かかりそうな場合は一度保留を解除して電話に出ます。「お待たせして申し訳ございません。もう少しお時間がかかりそうですので、こちらから折り返しお電話いたしましょうか？」と確認する気配りが必要です。

⇒指名された人が電話中のときは

　「南はあいにく、他の電話に出ております」と伝えます。すぐに終わりそうなら、「まもなく終わりそうですので、このままお待ちいただけますか？　それともこちらから折り返しお電話いたしましょうか？」と先方の意向を聞きます。

⇒指名された人が会議中・来客中のときは

　「南はただいま席を外しております。11時には戻る予定でございますが、こちらから折り返しお電話いたしましょうか？」と伝え、先方の意向を聞きます。「（何々の）会議です」や「（誰と）面談中です」などは会社の機密事項にあたるので先方には伝えません。折り返し電話がほしいと依頼されたら、指名された人宛てに伝言メモを作成します。

⇒指名された人が外出・出張中の場合

　社に戻る予定時刻または日程を告げ、「あいにく南は外出しております。本日は戻らない予定ですが、いかがいたしましょうか？」「あいにく南は出張中でございます。20日に出社の予定です」と伝えます。

⇒指名された人が退社していたら

　「あいにく南は本日もう会社を出ておりますが、いかがいたしましょうか？」と先方の意向をたずねます。緊急でなければ「本人より明朝お電話させていただきます」と告げます。至急のときは「それでは私から南に連絡をとってみます。連絡がとれましたらそちらにお電話するよう伝えます」と案内します。何回か担当者に連絡を試み、連絡がとれないときは「南に連絡をいたしましたが、連絡がとれませんでした」と先方に伝えます。個人の持つ携帯電話番号を知っていたとしても、その番号を先方に伝えていいとは限りません。このように、まずは自分が連絡の間に入ります。

⇒指名された人が休みのときは

　「あいにく南は本日お休みをいただいております。次の出社日は10日になります」と告げます。長期休暇や入院などの場合、会社によってはお客様に不快感や不安を与えないために「あいにく南は今週研修で不在にしております」などと表現する場合もあります。

　正直な皆さんの中には、指名された人が休んでいることをどうして伝えてはいけないのだろうと考える人がいます。しかし、ビジネスは顧客との信頼関係で成り立っています。ビジネスの場では、お客様に不快感や不安を与えるようなことや伝える必要がないことは言いません。100％正直に伝えることがお客様にとってよいこととは限らないのです。お客様に伝える必要がある内容かどうかの判断に迷うときは、周りの人に聞いて確認しましょう。

電話応対のメモのとり方

　電話応対時には相手の話の内容を正しく聞き取るためにメモをとりながら聞きます。受話器を通しての会話は対面での会話と異なり、聞き取りミスや聞き忘れが起こりやすく注意が必要です。聞き取る項目は次の通りです。

・相手の所属先（会社名・団体名）
・相手の名前
・問合せ先　　誰宛ての電話か？
・用件　　　　問合せ先に伝える内容。特に数字は間違わないこと。
・相手の連絡先　問合せ先が不在の場合は、折り返し電話することを伝えて、連絡先を相手にたずねます。連絡先の電話番号は必ず復唱して、聞き取り内容に間違いがないか相手に確認してもらいます。

✓ 取り次ぐ先がない電話の場合

　外部からの電話は、誰からどのような用件でかかってくるか予測ができません。取り次ぐ先が分からなくても、電話応対をしながらまずメモをとります。必ずメモとして残しておかなければならないことは、「電話をかけてきた相手が誰なのか？」「問合せ先が誰なのか？」です。クレームの電話などの場合は電話を取った人なら誰でもよいとかけてきているので、問合せ先が決まっていません。このような電話を受けたときこそ、相手が誰なのか把握しておく必要があります。相手がわかれば、上司や他の担当者に代わって対応してもらうことができます。

電話で聞き取れない場合

　電話の場合、機械特性や回線状況も重なって、最初の言葉は聞き取りづらく、相手の名前がわからなくなることがあります。そのような場合は、「大変申し訳ございません。もう一度お名前を伺ってもよろしいでしょうか？」と聞き直します。慣れないうちは、すべての電話でうまく対応ができるとは限りません。最低でも「誰から誰へ」の電話であったのかがわかれば、他の人に対応も任せられるので、相手と問合せ先の名前だけはしっかり聞いてメモを残すようにしましょう。

他の人に引き継ぐ

　どんなに一生懸命に対応しても、お客様や相手の問合せにうまく受け答えができないこともあります。無理に自分で対応して、問合せに関して解決できないよりも、他の人に対応を依頼するほうがよいこともあります。上司や先輩に対応をお願いすれば、豊富な知識と経験を持っている大先輩の方々はいとも簡単に問合せに対して回答し、問題も解決してくれるでしょう。特にクレームについては、いくらあなたが一生懸命誠意を尽くして対応しても、経験が浅いというだけで相手にしてもらえない場合もあります。自分で対応することが無理だと感じたら、早めに先輩や上司に対応をお願いしましょう。状況を正しく伝えるためには、電話応対の経緯がメモとして正確に記載されていることが必要です。そのために普段から必要な情報をメモする習慣をつけましょう。お客様のクレームを真摯に受け止め、誤解や問題を解決することはお客様の会社への信頼にも通じる極めて重要な事柄です。経験した事例は必ず振り返り、次回はうまく対応できるようにしましょう。

伝言メモのとり方

電話の相手が伝言を依頼してきた場合は、聞き漏らすことのないように必ずメモをとります。あらかじめ図のような伝言メモ用紙（市販もあります）を用意しておき、依頼された内容を直接記入していきます。折り返し電話をする必要がある伝言なのかをチェックし、依頼された内容を漏らさず聞いてメモをとると、伝言を依頼された相手に確実に用件を伝えることができます。

伝言は必ず復唱し、相手に電話番号を尋ねた際に「○○さんは知っているはずだから」と言われても「念のためお電話番号をお聞きしてよろしいでしょうか？」と言って、電話番号をメモに残しておきます。ナンバーディスプレイに表示されている電話番号をメモしておくという手もあります。作成した伝言メモは、不在者の机の上の目立つ場所に置いておきます。

図5 伝言メモ

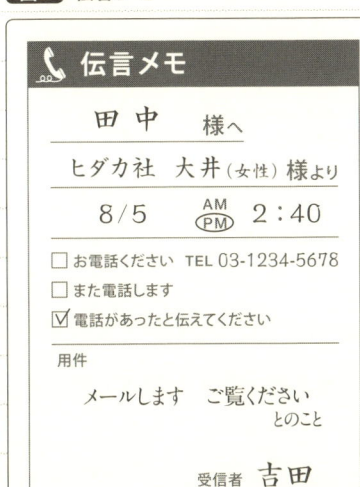

```
📞 伝言メモ

  田中    様へ

ヒダカ社 大井(女性) 様より

 8/5   AM
       PM  2:40

☐ お電話ください TEL 03-1234-5678
☐ また電話します
☑ 電話があったと伝えてください

用件
    メールします ご覧ください
                    とのこと
         受信者 吉田
```

伝言メモをとる時の注意点

❶ 誰宛てか
伝言を伝えるべき人の名前を書く。

❷ 誰からか
相手の社名と氏名、電話番号を正確に書く。

❸ 日付と時間
ビジネスの状況は刻一刻と変化するので重要。

❹ 伝言の主旨
相手に連絡する必要があるのかないのかを明確に。

❺ 用件
箇条書きで簡潔に書く。

❻ 自分の名前
誰が伝言を受けたのか責任の所在を明らかにする。

第3章 ビジネスの基本マナー

仕事のメモをとる

　職場では、数多くのさまざまな種類の情報が飛び交っています。なかでも、作業中に起こったできごとや打合せ・会議での発言、電話のやりとり、職場の人との対話などの中には、覚えておかなければならないことが必ず出てきます。特に自分の仕事に関わる内容は、知らないでは済まされません。それを防ぐ意味でも、メモをとる行為は重要です。

メモの役割

　メモをとる行為は、備忘はもちろんのこと、約束したことを証拠に残す、作業内容を確認する、予定に反映する、仕事を進めるために役立てる、人に伝える内容をまとめるなどさまざまな役目があります。
　いつでも書きとめることができるように、メモ帳や手帳、筆記用具は常に手元に置いておきます。特に電話を受ける際など、紙を探すのに手間取って、聞きこぼしてしまうことがないように気をつけましょう。

メモの中身は

　では、具体的に2つのメモの項目事例（①・②）を挙げてみます。最低でもここに列挙した項目は聞き取り、書き残すことが望ましいでしょう。話を聞きながら当てはまる項目を埋めていき、あとで見てもわかるようにします。自分だけが見るメモであれば、略字や記号などを用いることも有効です。ただし、自分が理解できないような文字にならないよ

うに気をつけましょう。筆記に時間がかかる画数の多い漢字は、カナ文字に置き換えてもよいでしょう。しかし、全文カナ文字にしてしまうと区切りがわかりにくくなるので、漢字の部分はスペースや括弧などを入れて区別するなど工夫します。

①自分や第三者に伝言するためのメモ

- ・発言者　　　　誰の言葉を伝えるのか？
- ・発言日　　　　発言されたのはいつか？
- ・伝達先　　　　伝える相手は誰か？
- ・伝言内容　　　箇条書きにして、発言の原型そのままに残す。
- ・期限　　　　　いつまでに伝えるのか？
- ・返事の有無　　伝達先は発言者に返事をする必要があるか？
- ・返事の期限　　いつまでに返事をするのか？

②仕事を進めるためのメモ

- ・開始と終了期限　いつから始めて、いつ終わるのか？
- ・指示者　　　　指示を出したのは誰か？進捗報告をする相手は誰か？
- ・実行者　　　　誰に向けて（自分か他の人か）の指示なのか？
- ・利用するもの　何を使って作業を行うのか？
- ・方法　　　　　どんな方法・手順で行うのか？
- ・作業内容　　　どんな作業の内容か？

　メモは、多かれ少なかれ自分の仕事に影響するものです。例えば、終了期限変更を表す内容であれば、スケジュールの再構築の必要性や作業内容の変更の可能性を示唆します。つまり、次に行うべき行動の内容が含まれているということです。

1つのメモには、「ルール」（守らなければならないこと）、「情報」（仕事をするうえで覚えておくこと）、「指示」（業務指示や次の行動）、「伝言」（自分や第三者に伝える内容）などさまざまな意味があることをしっかり覚えておきましょう。

● 聞き取れない場合
　人によって話すスピードが速い人がいるので、話を聞きながら書きとめることが困難な場合もあるかもしれません。
　解決策としては、1対1のように個別の対話のときは、前もってゆっくり話してもらうようにお願いしておきます。それでも聞き取れない場合は、もう一度話してもらうようにその都度お願いします。一方、大勢での会議や講演などでは、時間にも限りがあり、個別に聞き直すことはできません。その場合は、同僚など記録をとっている人にお願いして、あとで議事録やヒアリング記録などを見せてもらいます。その中で、自分の仕事や職場に関係する事柄を上司らに確認して抜き出します。

● メモを工夫する
　会議や打合せ内容をメモする場合、決定事項を残すことは基本です。一方、決定に至るまでの過程も含めてメモに残す必要がある場合、発言の推移やニュアンス、話し合いの中で出た案や意見など、決定事項に残らなかった事柄も含めて地図のように図式化する方法があります。例えば、マインドマップ（ブザン教育協会）やグラフィック・ファシリテーションといった方法です。
　しかし、メモを残しても、聞き取りミスや記入ミスは必ずあります。そのままにしておくと大きな失敗につながります。書いた内容が正しいかどうか、上司や同僚らと内容の照合をするようにしましょう。

来客応対のマナー

☑ 来客応対はスマートに

●お客様を部屋まで案内する

　アポイントのあるお客様には「○○様でございますね。お待ちしておりました」と声をかけ、「応接室へご案内します」と行き先を告げて先導します。お客様が荷物などを持ち、移動する準備が整ったのを確認してから案内しましょう。案内するときは「こちらでございます」と行き先を手で示すようにしながら、お客様の2～3歩先、廊下の少し右寄りを進み、振り返る姿勢でお客様の歩調を確認しながらお客様のペースに合わせて歩きます。

●階段を使う場合

　階段を使う場合はあなたがお客様より高い位置になってしまうので、「お先に失礼します」と断り、先に昇って案内します。階段を下る場合はあなたがお客様より下に位置するので、あなたがお客様より先に行くことを断る必要はありません。

●エレベーターを使う場合

　ドアが閉まらないように、ドアを手で押さえる、もしくは開ボタンを押して、お客様を先にエレベーターに誘導します。お客様の後からエレベーターに乗り込んだら、操作盤の前に立って目的の階のボタンを押し、目的の場所へ向かいます。

エレベーターの中にも上座と下座があります。混雑しているエレベーターでは意識する必要はありませんが、一般的にエレベーター内の上座は入口側から見て左奥です。エレベーターの中でもお客様にお尻を向けないように注意します。降りるときも、ドアを手で押さえる、あるいは開ボタンを押して、お客様を先に案内します。

● 部屋での案内

　部屋に着いたらドアを開けてお客様を先に部屋に通します。席を案内するときには役職の高い方から案内します。通常の応接セットでは2〜3名掛けの長いソファーにお客様を案内します。奥から役職の高い順に座ります。会議室形式のテーブルでは出入り口から遠い方の席にお客様を案内します。席次は打合せの目的と座席の配置によっても異なりますが、いくつかのパターンがあるので覚えておきましょう。

図6 来客時の席次

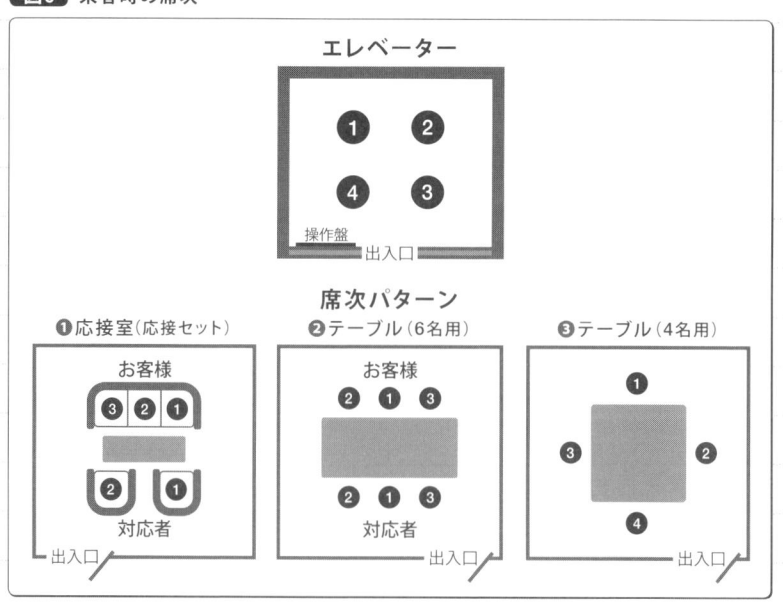

エレベーター

席次パターン

❶応接室（応接セット）　❷テーブル（6名用）　❸テーブル（4名用）

名刺交換のマナー

✓ スムーズな名刺交換のために

●座ったままは NG

名刺交換は必ず立ち上がって行います。カバンなどの荷物を持ったままの名刺交換は失礼にあたるので、荷物はイスの脇もしくは後ろなどに置いておきましょう。名刺交換が予想されるときにはあらかじめスーツのポケットから名刺入れを取り出して、渡す準備をしておきます。名刺が自分のものか、汚れがないかなども事前に確認しておきます。渡すときにモタモタしないように、1枚出して名刺入れに挟んでおく人もいます。

名刺の準備

1枚取り出して、名刺入れにはさんでおく人もいる。

●立場が低い方から差し出す

名刺交換は目下の人から目上の人に近づいていき、目下の人から先に名刺を差し出すのがマナーです。相手が複数の場合、役職が上の人から順に名刺を交換します。反対にこちらが複数の場合は、上司から順に交換していきます。名刺交換はテーブル越しでなく、立った状態でお互いに正面を向いて行います。

名刺交換の順番
（お互い複数の場合）

複数名で交換するときは相手方の役職の高い順に名刺交換を行う。

● 両手で差し出す

「はじめまして。○○会社の□□です。よろしくお願いします」と名乗りながら、社名や名前の文字に指がかからないようにして両手で名刺を持ち、相手が読みやすいように相手の向きで差し出します。

渡すときの持ち方

両手で持ち、相手に向けて差し出す。

● 両手で受け取る

相手が名前を名乗り名刺を差し出したら、「頂戴いたします」と言って、自分の名刺入れの上で両手で受け取ります。受け取ったら、軽く会釈をします。このときに受け取った名刺は胸より下げず、軽く押し上げるようにします。

受け取り方（1対1）

「頂戴いたします」と言いながら、自分の名刺入れの上で受け取る。

● 同時に名刺交換をするとき

お互い同時に交換を行うときは、右手で自分の名刺を差し出し、相手の名刺を左手の名刺入れの上で受け取ります。名刺を受け取ったらしっかりと相手の名前を記憶し、会話の中でなるべく名前で呼びかけます。

同時に交換する

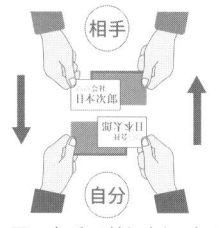

お互い右手で差し出し、左手で受け取る。

複数の人との交換

Ⓐ いったん名刺入れにしまう

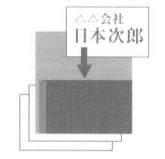

名刺入れのフタを開け一時的に入れておく。次の人の名刺を受け取る。

Ⓑ 下に重ねる

受け取った名刺は、名刺入れの下に重ねて、次の人の名刺を受け取る。

●着席後に机の上に置く

　席に着いたら受け取った名刺を名刺入れの上にのせてテーブルの上に置きます。名刺入れを座布団がわりに使用しているわけです。名刺をぞんざいに扱うのは相手に対して失礼なことなので丁寧に扱いましょう。

　複数の人から名刺を受け取った場合には、相手が座っている席順に合わせて机の上に並べます。このように並べておけば、話の途中で相手の名前を確認することができるので便利です。もらった名刺は相手がしまうまで（面会が終了するまで）出しておくのが基本です。

名刺の置き方

席に着いたら自分の名刺入れの上に受け取った名刺を乗せる。名刺入れは自分から見て正位置に置く（逆さにしない）。

相手が複数のとき

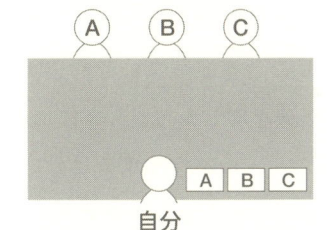

相手の席順と同じ順番に名刺を並べて置く。

●もらった名刺のしまい方

　面会が終了したら、席を立つ前に「頂戴いたします」と言って、名刺を少し押し上げるようなしぐさをしながら、名刺入れにしまいます。この場合、相手が先に名刺をしまうのを見てから行うといいでしょう。

　オフィスに戻ったら、もらった名刺を整理して保存しましょう。記憶に残すために、面会の日付を書き込んでファイリングする人が多いようです。なかには人の印象を忘れないために眼鏡着用などの特徴を書き込んだり、打合せで出た意見などをメモとして書き込む人もいます。名刺の保存は名刺ファイルや名刺ボックスを活用するのが一般的ですが、最近ではスキャナーを使いデジタル化して管理することもできます。

第3章 ビジネスの基本マナー

メールとインターネットの心得

ビジネスメールの基本とマナー

　相手が不在でも簡単に用件を伝えられる電子メール（以下、メール）は、ビジネスシーンにおいて必要不可欠なツールと言えます。普段、友人や家族と交わすメールには約束ごとはありません。しかし、ビジネスメールには私用で使うメールとは異なり、決まりごとがあります。その決まりごとを知らないで間違った使い方をすると、相手に誤解を与えたり、気分を害したり、ときにはトラブルにつながることもあるでしょう。仕事でメールを使う場合には、十分に注意が必要です。余計なトラブルを避けるためにも、社会人としてのメールマナーを覚えておくとともに、職場で決められた使い方のルールを必ず確認するようにしましょう。

●宛先のメールアドレスを間違えない
　スペルが1文字違うだけで、相手にメールが届かなかったり、別の相手に届いてしまう場合があります。違う相手に届いてしまったら、企業の機密情報が漏れるおそれもあります。相手のメールアドレスが正しいかどうか、入力間違いがないか慎重に確認してから送信します。

●件名はわかりやすく
　メールの用件がどのような内容であるかすぐわかるように、件名は簡潔に書くのがマナーです。「＊＊＊＊の件」として、その後に誰からのメールであるかわかるように自分の会社名や所属部署名（長い場合は略称な

ど)、自分の名前(苗字)を入れるとよいでしょう。

　例:「次回ミーティング日程の件(東京商事　田中)」

● 絵文字・装飾メールは送らない

　メールはテキスト形式で作成するのが基本です。送り先の環境設定によっては、装飾(太字、色付き文字、センタリングなど)を加えたHTML形式のメールは見られない場合があります。その他、半角カタカナ、丸付き文字、ローマ数字、絵文字などの特定機種に依存する文字記号は使わないようにしましょう。

● 添付ファイルのサイズに注意

　相手先の受信環境によっては、サイズの大きいファイル(目安として1～2MBを超えるデータ)は受信できない場合もあるので、送る前に確認しておきましょう。サイズの大きいファイルは圧縮して送るなどの対応が必要です。また、相手先に添付ファイルを開くソフトウェアがあるかどうかの確認も必要です。互換性がなかったり、バージョン差があったりするとファイルを開くことができません。

● 見やすく読みやすい本文を

　まず本文の冒頭に、宛先の名称を書きます。所属の企業・団体名、肩書き、相手の氏名、敬称の順となります。

　　ＡＢＣ社　　　　　　　　　→　1行目に社名
　　開発事業部　第一支援課　　→　2行目に部署名
　　課長　山田太郎　様　　　　→　3行目に肩書き＋名前＋様

　次に簡単なあいさつを添えて、自分を名乗ります。差出人アドレスだけでは、判断がつかない場合もあります。

続いて、本文を書きます。簡潔に、相手が読みやすい文章にします。目安として、1行の文字数は最大35文字程度にして、改行を入れます。内容ごとに空白行を入れるなど、相手が読みやすい工夫をします。

最後に、署名を入れます。最低限必要な項目は、①所属企業名、②所属企業住所（郵便番号も含む）、③所属部署、④自分の氏名、⑤連絡先（電話番号やFAX番号）、⑥メールアドレスです。

その他企業ホームページのURLを入れることもあります。本文と分けるために、区切り文字列を入れると署名は見やすくなります。ただし、携帯電話のメール宛てに送信する場合は、むしろ読みづらくなるため、企業名と氏名だけの記載が好ましいでしょう。企業によっては署名の表記の指定をしているところもあるので、職場の先輩や同僚に事前に聞いておきましょう。

図7 メールの例

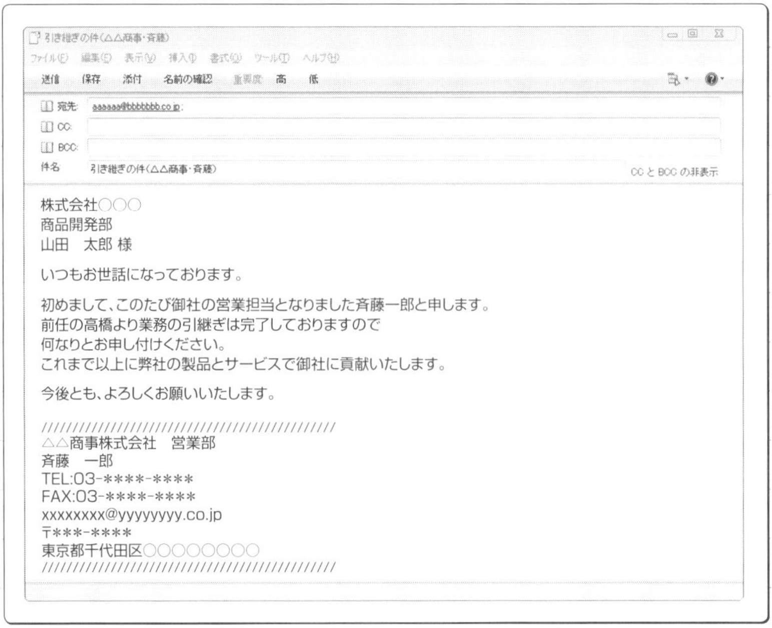
引き継ぎの件(△△商事・斉藤)
ファイル(F) 編集(E) 表示(V) 挿入(I) 書式(O) ツール(T) ヘルプ(H)
送信 保存 添付 名前の確認 重要度 高 低
宛先: aaaaaa@bbbbbbb.co.jp;
CC:
BCC:
件名: 引き継ぎの件(△△商事・斉藤)
CC と BCC の非表示

株式会社○○○
商品開発部
山田　太郎 様

いつもお世話になっております。

初めまして、このたび御社の営業担当となりました斉藤一郎と申します。
前任の高橋より業務の引継ぎは完了しておりますので
何なりとお申し付けください。
これまで以上に弊社の製品とサービスで御社に貢献いたします。

今後とも、よろしくお願いいたします。

//
△△商事株式会社　営業部
斉藤　一郎
TEL:03-****-****
FAX:03-****-****
xxxxxxxx@yyyyyyyy.co.jp
〒***-****
東京都千代田区○○○○○○○○
//

● メールの決まり文句

　手軽に使えるメールですが、文字通りメールは手紙の一種です。一般の手紙と同じように、メールにも最初の言葉と結びの言葉があります。書き出しは、「いつもお世話になっております」からはじまり、本文を書いて最後に、「よろしくお願いいたします」で締めくくります。

● 柔らかい表現を使う

　メールの文章は、伝えたいことをストレートに書くと、相手に冷たい印象を与えたり、きつく思われることがあります。あなたはそのつもりはなくても相手に不快な印象をもたれかねません。メールを作成するときには、クッション言葉を使用するなどできるだけ柔らかい表現を使うことを心がけ、言葉をよく選んで作成するようにします。

　クッション言葉の使用例：
「お手数をおかけしますが、資料を1部送っていただけますか？」

● 不達（エラー）メールが届いたら

　メールアドレスのスペルを間違えた、あるいは相手のアドレスが変更となっている可能性があります。まず送信先のアドレスを確認します。原因が判明し、正しいメールアドレスが判明したら、不達となったメールの内容を再送信します。アドレスに間違いがない場合は、通信環境に不具合が発生したのかもしれません。不具合の調査とその後の対応は、上司に報告して指示に従います。

● もしも宛先を間違って送信したら

　誤送信したことが判明したら、慌てずに、すみやかに上司に報告します。そして、上司の指示に従って行動します。

電子メールの便利な機能を覚える

●相手のアドレスを登録する

　仕事で頻繁にメールをやりとりする相手のメールアドレスは、メールソフトのアドレス帳に登録しておくと便利です。その都度メールアドレスを入力する手間が省けるので、送信ミスを防ぐことができます。正確に登録しておきましょう。

●"CC"と"BCC"の使い分け

　"CC"（カーボンコピー）、"BCC"（ブラインドカーボンコピー）ともに複数の人に同じメールを一度に送るときに使います。「CC」は、メールを送った人全員のメールアドレスが全員にわかります。送信したメールのコピーを取っておくという意味で送信メールの"CC"に自分のアドレスを入れる人がいます。一方"BCC"は、メールを送った相手には同じメールが他の人にも送られていることがわかりません。

　いずれも一斉に複数の相手にメールを送ることができるので大変便利な機能ですが、使い方を間違うと情報漏えいにつながります。特に、「CC」は前述したとおり送信相手すべてに他人のメールアドレスがわかってしまいます。外部流出や悪意ある行為に使われることもあるので、送信する前に使い方が間違っていないかどうか、周囲に確認を求めましょう。

●署名を自動的に挿入する

　メールの文末に署名を入れるのはビジネスメールの基本です。通常のメールソフトやWebメールサービスには、署名の自動貼り付け機能があるので、あらかじめ設定しておくことができます。異動や移転で設定内容が変わった場合には、忘れずに変更しておきましょう。

メールとインターネットのビジネス利用の注意点

　メールやインターネットは、便利なコミュニケーションツールですが、社内で利用するときにはさまざまなルールがあります。ルールを守らず不用意に利用することは周囲に迷惑や不快な気持ちを与えることになります。ルールを理解してマナーをしっかり身につけましょう。

●私用メールは厳禁
　会社から付与されたパソコンと業務用メールアドレスを私的に利用してはいけません。私用メールは自宅のパソコンを使うか、個人の携帯電話を使って休憩時間に送ります。業務時間には個人の携帯電話に触らないようにします。

●仕事に関係ないサイトは閲覧しない
　インターネットを仕事以外で利用するのは原則、禁止です。職場のパソコンから不適切なサイト（例えば、投稿サイトやアダルトサイトなど）にアクセスすることは多くの企業で禁じられています。会社の規則を破って禁じられているサイトにアクセスすることは解雇の対象にもなります。

●通勤中も利用を控える
　携帯電話の電波は、電子機器の動作に影響を与えると言われています。公共交通機関の車内の優先座席には、心臓病でペースメーカーを装着している人が着席している場合もあります。周囲で携帯電話を利用されると優先座席に座っている人はよい気持ちはしません。特に優先座席周辺では、携電電話の操作を控えるようにしなければなりません。

コミュニケーションの上達のために

東京都成人発達障害当事者会「Communication Community・イイトコサガシ」
冠地　情

　「発達障害の悩み、弊害の90％はコミュニケーションの問題」という確信から、私は2009年に成人発達障害当事者会「イイトコサガシ」をワークショップ形式で立ち上げました。まず、最初に意識改革したかったのが、コミュニケーション能力を向上させるための優先順位に対する考え方です。それはテクニックでもなければ、ハウツー本を読むことでもなく、"場数を踏むこと"です。いろいろな人とさまざまな話題を話す経験こそが何よりも大切なのです。水泳選手から水泳のフォームをいくら教わったとしても、技術書をいくら熟読したとしても、結局は自分が泳いでみるしかないのと同じです。自分が泳いでみてはじめて、選手から教えてもらったコツや技術書の意味がわかるようになる"かもしれない"のです。成人の発達障害当事者は、手軽に、時間をかけずに解決したいと本にたよる人が多いですが、それでは経験が増えずに知識ばかりになる悪循環が起きやすいのです。

◎ イイトコサガシ・ワークショップ

　当事者の悩みの一つに「雑談が苦手」ということがあります。雑談を簡単にルール化するならば、①いかにテーマに沿った話をするか、②いかに人数に適した時間で話をするか、③いかにそのテーマをふくらませるか、④いかに相手の話をほめるか、⑤いかに批判や助言でない形で会話を進めるか、ということになります。それを実践で楽しく試していく、場数を増やしていくことが肝要なのです。私はイイトコサガシ・ワークショップ（図8）にその答えがあると確信しています。

図8 ワークショップの進め方

❶ グループを作る
6〜8人で1つのグループを作る。
その内の1人はファシリテーターが入る。

❷ 会話をする／会話を聞く
- 2人1組で5分間会話する（3人1組なら7分半）。
- テーマと人選はファシリテーターが決める（テーマのキャンセルは不可）。
- 会話中、食事やトイレは不可（飲み物は可）。
- その会話のよかった所、面白かった所、参考になった所を見つけておく（メモをしても可）。

テーマにあわせて会話する

残りの4人は見学

❸ ディスカッション（イイトコサガシ）をする
- 会話のよかった所、面白かった所、参考になった所（テーマの掘り下げ方、盛り上げ方、その切り口など）をほめる形で、10分間ディスカッションをする（1回の意見は1人30秒以内推奨、長くても1分以内）。
- 批判や助言はしない。
- 感想や分析、自分の話で終わらせない。

❹ 会話する人を変える
- ファシリテーターが前回見学した人の中から、会話する2人を選ぶ（前回会話した2人は見学に回る）。
- ❷に戻り、❷〜❹をくり返す

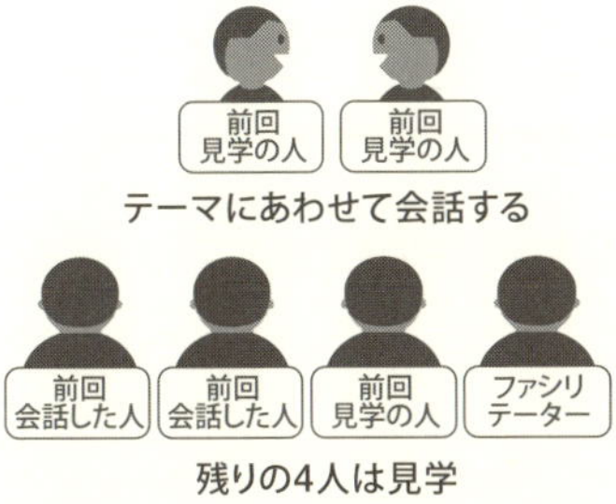

テーマにあわせて会話する

残りの4人は見学

コラム　コミュニケーションの上達のために

表6 会話で努力すること

❶お互いがバランスよく話す（自分ばかり話さない／質問ばかりしない）。

❷上から目線にならない。

❸断定口調で話さない。

❹質問を「はい、いいえ」のみで返さず、次の会話につなげる。

❺相手の領域に入り込み過ぎない／踏み込んでもよさそうなところを見つける。

❻自分の領域で「ここは踏み込んでもOK」ということを、分かりやすくアピールする。

❼見学の人に話しかけない（会話相手に集中する）。

❽テーマから話がずれたら、話を戻す。

❾相手の話に対して、体の各部や表情を使ってリアクションする（自分が話すときも身振り手振りを入れる）。

❿「自分が好意を抱いている相手が話しかけてきた」という設定で会話する（会話を楽しく盛り上げて相手に好感をもってもらうという目標で話す）。

⓫自分ばかり話してしまう人は、相手が主役になる質問を意識的にする、もしくは無言で相手に主導権を渡す（手でどうぞ、と促す動作を付け加えるとよい）。

⓬テーマにこだわり過ぎず、柔軟な解釈で楽しい会話を心がける。

⓭「興味がない」「記憶にない」などは口に出さず、聞き役として盛り上げる。

表7 ディスカッションで努力すること

❶会話を聞きながら、よかった所、面白かった所、参考になった所を見つけておく（メモしてもOK）。

❷話を振られるのを待つのではなく、率先して意見、質問を行う。

❸他人と同じイイトコサガシになった時は、同じ内容でも自分の言葉で自分の思いを語る（「○○さんと同じです」は禁止）。

❹コミュニケーションに余裕のある人は、苦手な人をフォローする。

❺「感想」や「自分の話」ばかり話さない（30％以内に留める）。

❻会話やイイトコサガシの出来を他人と比較せず、過去の自分と比較する。

❼他人のイイトコサガシに簡潔に同意、共感、賛同する形でディスカッションを盛り上げる。

◎ ワークショップの流れとルール

● なぜいろいろな人と話すか？

"知らない人と話す"ことに慣れることができたらどうでしょう？話す経験の少ない人は、緊張から普段の実力さえ出し切れないことがほとんどです。それを払拭するためには、知らない人と話す経験を積むこと、特に自己肯定感が守られる環境で経験を積むことです。イイトコサガシでは批判や助言はされず、イイトコだけをほめてもらえます。なぜなら、できていない部分は本人も自覚していることがほとんどだからです。「わかってはいるけど、できない」ことを指摘されても、過去の傷が開くだけです。もし仮に批判や助言が始まったら、すぐにファシリテーターのストップが入ります。そのため、自己否定に陥ることなく、自己肯定感を保ちながら経験を積めるのです。

● なぜ、複数の観客の前で話すか？

"客観性を意識するため"です。どのような形であれ、相手がわかればいいや、というコミュニケーションを続けていると、いつまでも進歩しません。さまざまなタイプの人に理解してもらえるような会話を意識するようになると、随分と違ってきます。たとえそれがつたないものでも、「ああ、この人はわかりやすく話そうと努力しているな」という姿勢は伝わり、それは好印象につながるのです。

● なぜ、いきなりテーマを与えられるのか？

"雑談とはそういうものだから"です。どのような話題になっても困らないように、このワークショップで慣れておくというわけです。
　ある参加者が「いろいろな人と楽しく会話をするためには、豊富な知識や雑学を一日一日蓄える必要があるのですね」と呟きました。「そ

のことを以前は知らなかった？」と聞くと、その参加者はため息をつきながら首を振りました。その参加者は実際に会話を重ねて、自分には会話のトピックが少ない、今のままでは同じ結果になるということを実感したのです。これらを他人から助言されたとしても、おそらく意味はないでしょう。自分で気づくことが大切なのです。特に成人の当事者は自分のやり方、価値観に対するこだわりが強いため、他人の言葉では気づけないことが多いのです。

●なぜ、テーマのキャンセルが不可なのか？

　当事者は、得意なテーマであればいくらでも話すことができたとしても、興味のないテーマではほとんど話すことができないという傾向があります。このバランスの悪さを緩和するために、普段話すことがないようなテーマ設定で意識的に話す場としています。案外、食わず嫌いならぬ「話さず嫌い」もあり、新境地開拓の意味でも有益なのです。また、いろいろなテーマで話すことで、得意なテーマもよりうまく話すことができるようになるというメリットもあります。さらに、苦手なテーマで話すときの心情や気持ち、居心地の悪さを理解できれば、「自分の得意なテーマがもしかしたら相手にとっては苦手なテーマかもしれない」という、当事者の弱点である"立場を入れ替えて発想する"ことがイメージしやすくなります。

●なぜ、見学者（観客）が必要か？

　"他人の発達障害特性を見ることで気づくことが非常に多いから"です。自分のコミュニケーションを客観視するのはやはり困難です。ならば、他人を通して自分を見ることがポイントになってきます。ワークショップでは人の会話を観察する機会があります。「自分もよくやってしまうな……」「なるほど、他人にはこういう風に見えるわけか」「さ

りげない一言を入れるだけで、随分と印象が変わるのだな」など、吸収できるところは吸収し、注意すべき点は是正する意識を持つ、そしてそれを自分の会話で試すことができるわけです。

●なぜ、時間設定があるのか？

　"自分と相手の時間配分を意識するため"です。当事者は時間を意識せずにマイペースに話してしまう傾向があります。しかし、それは相手への配慮には当然なりません。基本的には自分が話した分だけ、相手の話も聞かなくてはなりません。大人数になってもそれは変わらず、話しすぎてもいけませんし、黙りすぎてもいけないのです。そのわかりやすい基準は時間です。6人で10分話すのであれば、一人の持ち時間は大体100秒です。これを意識できるようになれば、時間軸での"KY（空気が読めない）"は防ぐことができます。

　ワークショップの第二段階は、「そのテーマで楽しく盛り上げるための切り口を探す」ことです。"お菓子"がテーマなら、「子どものときによく買っていたお菓子は？」「最近買ったお菓子は？」「外国のお菓子で好きなものは？」など、そこから連想される切り口を参加者同士でディスカッションします。話題を広げる、弾ませる、掘り下げる……。これらを意識的にすることで展開力や質問力、応用力を鍛えるわけです。また、これらを日常的に考えられるようになると、心の余裕も違ってきます。

　ワークショップの第三段階は、「ファシリテーターをやってみること」です。ファシリテーターは自分よりもほかの参加者を優先させて、公平に話を振り、イイトコサガシを実践して見せたり、率先して共感して見せなければなりません。当然、時間配分も同時進行で配慮しなければなりません。つまり、ワークショップのファシリテーターをすることで、当事者のもう一つの弱点である"マルチタスク"が鍛えら

れるというわけです。

　発達障害の特性に、「自分がよいと思ったことにはとことんのめりこむ」ことが挙げられます。ルールで決まっていたらもうやるしかなく、やると決まればとことんやってしまう、つまりイイトコサガシが習慣化しやすいわけです。ここからも、イイトコサガシ・ワークショップは発達障害特性と非常に相性がよいと言えると思います。

◎ ワークショップ参加者の声

　最後に、ワークショップに参加した当事者の体験談を紹介します。ある男性参加者は、話にまず結論をつけてしまい、何を話しても話がすぐ終わってしまうという特性をもっていました。しかし、ワークショップに参加するうちに、話を拡大させる、展開させることの大切さに気づき、それを実践できるようになりました。彼は「相手の話に興味を持ち続ける、その気持ちを相手に伝えることが、知らない話を拡大させていくとわかりました」と嬉しそうに語ってくれました。

　別のある女性参加者は対人恐怖があり、人と話すのが苦手でした。初対面の人には何を話していいかわからずパニックになっていたそうですが、今では「相手の会話でよかったところをほめればいいのですね」とコミュニケーションに開眼。さらにファシリテーターを経験して「人に話を振るのが自然にできるようになりました」とのこと。いまではイイトコサガシのインターネットラジオ番組『ピカっと生きる！』のパーソナリティを務めるほどの活躍です。

　イイトコサガシは現在、日本全国に成人発達障害当事者会を立ち上げるべく、ワークショップによる種まきを行っています。興味のある方は、ぜひご連絡ください。

　「東京都成人発達障害当事者会・イイトコサガシ」
　ホームページ　http://iitoko-sagashi.blogspot.com/

第4章

人とのつきあい方

仕事の覚え方

✓ 空き時間を無駄にしない

　仕事を始めたばかりの人の中には、先輩から「今忙しくて教える暇がないから、読み物をしていてほしい」と言われたことはありませんか？まだ十分な仕事が与えられていないとき、あなた自身がヒマと感じられるときにあなたがどのようにその時間を過ごすかで、あなたの将来が決まります。時間があるのであれば、先輩の仕事のやり方を観察しましょう。先輩のやり方でよいところ、自分にとって役立つところを自分のやり方に取り入れましょう。また、職場全体を密かに研究してもよいかもしれません。新卒、中途入社に関わらず、入社してすぐには周りの人の会話の内容がわからないのが普通です。全神経を集中して周囲の会話を聞きましょう。続けているうちに少しずつ周囲の人たちの会話がわかるようになってくるはずです。それはあなたが成長している証です。

✓ キーワードをメモする

　発達障害を持つ方の中には、メモをとることを苦手とする人がいます。メモをとるのはよいことですが、一字一句メモをとるのは効率的ではありません。記憶力には個人差がありますが、メモをとることに集中してしまうと言われたことがその場で頭に入りません。話を聞きながら、重要なポイントをメモするのが賢い方法です。キーワードのみを書いたメモ帳を元に、あとから自分でノートに書き起こしましょう。

自分なりのマニュアルを作成する

　発達障害を持つ方が仕事でまず初めに覚えたいことは、どういう書類を受け取ったらどのように処理するかという具体的な手順でしょう。新しいパターンの処理を経験したら、自分のマニュアル用にコピーを1部余分に取ってまとめておくのも一つの方法です。関連書類をまとめて、その書類処理の注意点などもメモしておくと、あとで見直すことができるので便利です。焦らず一つひとつ確実に覚えていきましょう。

　入社間もない頃は神経を使い、帰宅後は疲労困憊しているかもしれません。しかし、どんなに疲れていてもその日に何を行ったかを書き出し、失敗があれば原因を分析して反省することを行うことにより、確実に仕事が身につきます。そして、仕事のやり方をマニュアルとしてまとめることにより業務内容を整理することができ、知識として確立します。

キーパーソンを知ることがカギ

　自分の仕事が身につき、先輩の仕事ぶりを観察し、よいところを見習うようになったあなたはもう少し広く周りを見渡してみましょう。会社には多くの組織があり、さまざまな人が働いていますが、自分の担当する業務はほんの一部でしかありません。全体の業務を理解するのは到底困難なことに気づきます。では、組織をまたがるプロジェクトが発生した場合にはどうするかというと、各部門からプロジェクトメンバーが参加し、協働してプロジェクトを完成させます。一人のメンバーが全体を知らなくともお互いに専門の分野で協力することにより仕事が完成するわけです。各部門のキーパーソンを知っておくことで、あなたの活動範囲も仕事の幅も限りなく広がります。

情報の取り扱い方

　発達障害を持つ方は、物事を白黒はっきりつけて考えることを望む方が多いのではないかと思います。学校のテストであれば回答は正解か不正解という答えが出ますが、実際の社会においては、答えは一つではなく、常に変化する状況に合わせて複数の選択肢の中から答えを選んでいくことが求められます。そして何よりも答えを得るためのプロセスが学生時代とは異なっていることに気づくでしょう。

　誰でも最初から経験を積んでいる人はいません。今後の人生において、皆さんも初めての出来事に多数遭遇するでしょう。その都度、困惑したり、不安になったりするのも当たり前です。ここでは、初めての出来事に遭遇したときの対処法と注意点を確認しておきましょう。

その情報は正しいか？

　自分の知らないことが出てきた場合、調べる方法はいろいろあります。論文やレポートを作成する中で、その分野の本を読み、資料を集めて、時間をかけて情報を収集・分析し、自分なりの考えをまとめていく作業の経験がある人もいると思います。普段の日常生活の中でも同様に、周囲の人に聞く、インターネットで調べるなどの方法をとる人が多いと思います。

　ここでまず注意したいポイントは、「その情報は正しいか」ということです。どちらかというと人の話を鵜呑みにしやすい発達障害を持つ方は、情報の選択に対するプロセスをしっかり確立しておく必要があります。

他人の話は参考程度に

　世間話に参加する機会が比較的少ない発達障害を持つ方の場合、職場の話題は同僚などから聞くケースがほとんどではないかと思います。職場の噂話を親切に教えてくれる同僚の話をあなたは喜んで聞くかもしれません。しかし、他人の話をそのまま鵜呑みにしてはいけません。他人の話はあくまでその人の個人的な意見であり、その人の個人的な体験や考えに基づいているものです。一般的な見方やあなたの考えとは相違しているかもしれません。話はあくまでもその人個人の意見であることを忘れず、他の人の話も参考にしながら、その情報について客観的に確認してから情報を受け入れましょう。

インターネットでの情報収集

　ちょっとしたことを調べたいときにはインターネット上でキーワードを入力・検索し、そこで得られた情報を活用している人も多いと思います。インターネット検索は簡単・手軽であるがゆえに、利用上の注意点がいくつかあります。

①欲しい情報にたどり着く

　検索機能が進化し、瞬時のうちにキーワードに関連する多くの情報を得られるようになりました。これらの膨大な情報の中には信頼できるものと信頼できないものがあります。インターネットで検索するときに重要なことは「必要な情報」にアクセスするために「有効なキーワード」を入力していかに絞り込み、いかに「欲しい情報」にたどり着くかということです。

②情報の信頼性を確かめる

　インターネット上でウェブサイトを検索すると、膨大な数の情報が表示されますが、それらはすべてが正しいとは言えません。これらの中から内容が信頼できる情報かどうかを判断する必要があります。

　選択の基準としては、「誰がいつ書いたものであるか」が明確で、「元の情報の出典」などが記載されていれば信頼性のある情報と判断できます。逆に言えば、出典のはっきりしていない情報を引用した場合、その報告書などは評価されないことを知っておきましょう。インターネットの利用には、使いこなす人の判断とセンスが求められます。

③ウィキペディア（Wikipedia）

　オンライン上のフリー百科事典である『ウィキペディア』（日本語版：http://ja.wikipedia.org/）は、ちょっとしたことを調べるのに参考になります。このサイトは一般の人からの投稿により成り立っており、書きたい項目について自由に解説を書くことができます。内容に間違いがあれば気づいた人が訂正を加え、改良されていく仕組みです。内容が明らかに不適当だと判断される場合は、管理者より忠告が発信されますが、成り立ちからして、このウィキペディアの情報は絶対的なものとは言えないということを理解したうえで、利用するようにしましょう。

④電子掲示板（BBS）

　人は置かれた立場によって、見方も違えば意見も異なります。背景のまったくわからない個人のコメントだけでは、問題の全体像をつかむことはできません。立場の違う人の意見も聞き、客観的な情報も合わせて物事について判断することが重要です。そういう意味では、電子掲示板の利用については極めて注意が必要です。

情報の確認

✓ 情報を鵜呑みにしない

　発達障害を持つ方の中には、学校の選択、授業の選択、就職の選択において人から聞いた情報などで安易な決断をした経験のある方がいるのではないでしょうか？　せっかく進学した大学を卒業しても希望の職業に就けるのは2〜3割と聞いてやる気をなくしてしまったり、単位を取るのは大変という情報を聞きつけて、志望の分野をあきらめてしまったり、就職を考える際にもあの業界は大変だと聞いて選択から外してしまったり……。ここで指摘したいのは、発達障害を持つ方がさまざまな情報を参考にする中で、果たして本当に自分にとって最適な決断として選択したのかどうかということです。

✓ 事実を確認する

　発達障害を持つ人の特性の一つとして「言われたことを字義通りに受け取る」ということが挙げられます。他人が言ったことを素直に信じて、100％そのまま受け入れることが望ましくない理由は2つあります。一つは、その人の思い込みや思い違いが入っているかもしれないからです。もう一つは、相手が嘘をついているかもしれないからです。嘘をつくことが苦手な当事者の方には、理解しにくいことかもしれません。事情や理由はさまざまですが、世の中には残念ながら嘘をつく人もいます。
　そこで、世の中を渡っていくためには、聞いた情報が正しいかどうか

確認する手順が必要になります。人から聞いたり、自ら人に尋ねて情報を得た場合も、他の情報源にあたって常に正しい情報かどうか確認する習慣を身につけることです。確認の基準としては、「○○と思う」「たぶん○○ではないか」「おそらく○○」という表現の場合、はっきり断言していないので、裏付けをとる必要があります。正しい情報を得るためには「また聞き」ではなく、自ら信頼のおける人に直接確認することが基本です。大事なことは一つひとつ確認しながら正しい情報を得て、自分の知識として蓄えていけば、周囲の言葉に左右されないようになります。

人は皆自分と同じ考えではない

　発達障害を持つ方が人の言うことを信じやすい理由の一つは、他の人も自分と同じ考えを持っていると思いやすいところにあるのではないかと思います。世の中には実にいろいろな考え方をする人がいて、その中にはあなたと正反対の考えを持つ人もいるかもしれないのです。

　私は発達障害を持つ方と交流を続ける中で、"小さいときに教えて欲しかったこと"としてよくこんなことを聞きました。「世の中には嘘をつく人がいるということ」「世の中には真面目に仕事をしない人がいるということ」を教えてほしかったというものです。これらの事実はあえて伝えられるようなことではないので、真面目で正直な発達障害を持つ方が「嘘をついてはいけない」と言われて育ち、この事実を初めて知ったときには、晴天の霹靂であったに違いありません。世の中にはさまざまな人がいますが、だからといって不安に駆られる必要はなく、社会の中で自分の立ち位置を確立し、いろいろな出来事に対処するプロセスを知っていれば難しいことはありません。そのためのファーストステップが「人は皆自分と同じ考えではない」ということを知ることです。

他の人との違いを認識する

　発達障害を持つ方の中には、「他の人の意を汲むのが苦手」という特性を持つ人が多いことは知られています。他の人の気持ちをはかりにくいとすると、"自分が他の人にどう思われているか"ということにも気づきにくいはずです。当事者の方の多くは自分の興味のあることには集中し、没頭しても、他の人に対する関心が低いので、周囲の人の考えや行動にはともすると注意がいきません。そのため、自分がなぜかいろいろなことでうまくいかない、どこか人と違うと薄々感じていたとしても、思考方法や行動の違いについて自覚していないことが多いのです。他の人との違いを認識するためには、まず「周囲の人を観察してみること」です。他の人の行動を観察し、自分の行動を比較してみるとその違いが明らかになるでしょう。他の人との具体的な違いに気づくことで、客観的に自分を見ることができるようになります。

問題解決のプロセス

　自分を客観的に見ることができるようになったら、問題解決のためにはどのようなプロセスが自分にとって必要なのかを考えておく必要があります。つまり、どんなことが発生しても、
①事実を確認し
②対処策を洗い出し
③考えられる策の中で自分が最適と思われるものを選択する
という行動のプロセスです。問題解決のためのプロセスが確立されていれば、今後自分にどんな問題が発生したとしても、その都度動揺することなく対応することができます。

社内情報のルール

①**秘密を守る**
　すでに周知されている以外の情報を偶然にも知ったとしたら、特に機密情報の取り扱いについては注意が必要です。人から聞いたその情報を、絶対に話さないようにと約束してから第三者に話したとしても、もしその機密情報が漏れてしまえば、あなたへの信頼が低下します。「人の口に戸は立てられない」と言います。他の人に知らせてはいけない内容は、絶対に他言しないようにしましょう。

②**人事情報は他言無用**
　職場で噂話はつきものですが、人事情報や個人情報の取り扱いは特に要注意です。人事異動など職場で一番関心のある情報をいち早く聞いたときは、つい他の人にも教えたくなる衝動に駆られてしまうかもしれません。しかし、大事な情報であるからこそ、正式な周知の前の未確定な情報には触れないという慎重な姿勢を貫きましょう。噂話に軽々と参加しないというポリシーは、あなたの評価にもつながります。

③**社内に人脈をつくる**
　組織でうまく行動していくためには、いろいろな情報を持っておくことがよいのはもちろんです。情報を入手する場所としては飲み会のほか、社内のリフレッシュルーム（禁煙室）や自販機コーナー、有志による部活動の集まりなどが挙げられます。共通の趣向・趣味を持つ社員同士の交流をきっかけに、社内の情報収集と人脈づくりに励むとよいでしょう。

昼休みの過ごし方

　職場によって昼休みの過ごし方はいろいろです。女性の多い職場ではいつも決まった顔ぶれでお弁当を食べているかもしれません。あるいは声をかけあってオフィスの外に食べに行く人、コンビニでお弁当を購入して自分の席で食べる人、それぞれが自由に過ごしている職場もあるでしょう。発達障害を持つ方の中には人と関わること、あるいは周囲の騒音、照明や臭いなどさまざまな苦手さを感じている人がいます。ランチタイムの混雑したお店に行くと、騒がしさや照明のちらつきを不快に感じるかもしれません。また、いわゆる雑談、仕事以外の世間話を苦手とする方は、会話にうまく参加できず、戸惑うかもしれません。さらに、同時に二つのことを行うことが不得手な方は、昼食をとりながら会話をすることはとてつもなく難しい作業と思うでしょう。

　昼休みの過ごし方は、基本的に自由です。職場の人と一緒に昼食をとり、おしゃべりに参加することに戸惑いを感じる人は、無理に行動を共にする必要はありません。ただし「申し訳ありませんが、昼休みは一人で過ごさせてください」と一言伝えておくとよいでしょう。実際、就労している当事者の方は、ランチタイムを一人で静かに過ごすことを好む傾向にあります。多くは騒音や会話などの苦手な環境を避けるためですが、なかには午前中の仕事を振り返り、午後の仕事に備えるという人もいます。午前中の処理を確認し、変更や明日に回すものなどの整理を行い、一日の作業がスムーズにいくよう工夫しているのです。昼休みをどのように過ごしてよいかわからない人は、読書や携帯のメールチェックなど、職場で許されている方法で時間を過ごすとよいでしょう。

飲み会のルール

職場の飲み会とは

　会社の飲み会には新年会、忘年会、歓迎会、送別会など組織単位で行うものと職場の有志で行うプライベートな飲み会とがあります。また、企業によって習慣は異なりますが、年初めには「仕事初め」、年末の最終日には「仕事納め」を職場で行う企業も多くあります。最近は、形ばかりビールで乾杯する企業もあれば、アルコールなしであいさつだけ行う企業などさまざまです。さらに、「仕事初め」「仕事納め」当日の勤務終了後に、お店で宴会を設ける場合もあります。このような宴会は、組織（会社や所属先）で開催されるものなので、社員の一人として参加する必要があるでしょう。体調が悪い、身内の不幸などの理由でどうしても参加が難しいときには、出席できない旨を伝えておきます。体質、その他個人的な事情により宴会などの行事に参加が難しい人は、あらかじめ入社の際に上司に伝えておくとよいでしょう。

● 「無礼講」とは

　上司が「今日は無礼講で」と言って飲み会が始まることがあります。辞書には、無礼講とは「身分・地位を無視して、行う宴会」の意味とありますが、上司はこの宴会を堅苦しいものでなく楽しみたいという程度の意味で使っていることがほとんどです。たとえ「無礼講で」と言われたとしても、友人のように話しかけてよいわけではありません。飲み会の席でも、上司や先輩への礼儀は忘れないようにしましょう。

● 乾杯の挨拶

　通常は、役職者または年長の人が乾杯のあいさつをします。「乾杯」は長々とスピーチをするものではなく、あくまでも「乾杯」の発声でよいのです。一般的には「大変僭越ではございますが、ご指名により乾杯の音頭を取らせていただきます」というような決まり文句で始まります。

＜決まり文句＞

　新年会：「今年が皆さんのよい年であるように願って、乾杯！」
　　　　　「今年も1年がんばりましょう、乾杯！」
　忘年会：「皆さん、今年1年間お疲れさまでした、乾杯！」

● 幹事の役目

　幹事役は、比較的入社年度の若い社員に任される場合が多いようです。宴会の幹事役を任された場合は、開催日時を決定し、店の予約後、出席者に連絡します。その他に上司への乾杯の音頭の依頼、出席者からの会費の徴収（当日徴収もあり）までを事前に手配します。

　当日は司会進行のほかに、注文した料理がきちんと出されているか、飲み物がなくなっている人がいないかなど宴会の最中は気を配ります。最後に全員の会費を徴収後、店の会計を済ませたら幹事役の任務は終了です。前もって会費を決めずに当日徴収の場合は、1人あたりの金額を計算して集めます。端数はある程度切り上げ、100円単位で割ります。職場によりますが、翌日会計報告を行う場合もあります。さらに、2次会でカラオケなどに行く習慣がある場合は、事前に2次会の場所も予約しておきます。

　また、飲み会の幹事役以外にも職場で行う仕事納めなどの行事の準備には新入社員が駆り出されます。職場の近くの酒屋やコンビニエンスストアにビールやソフトドリンクなどの飲み物や乾きもの（あられ、ピー

ナッツ、さきいかなどの乾いた食べ物でお酒のつまみになるもの）を買い出しに行くこともあるかもしれません。

● 飲み物、食べ物

　乾杯のときの飲み物は「とりあえずビール」で始まるシーンが多く見受けられます。その後は、各自の好きな飲み物を注文します。コース料理を注文することが多い宴会の場では、全員の料理が揃ってから食べ始めます。大皿に盛られた料理の場合は、年齢の若い人が周囲の人の分を小皿に取り分けます。また、お酒をすすめるか、すすめないかは、職場の決めごとに従います。お酌をしてもらうことを好む人もいれば、お酒を注がないことをルールにしている職場もあります。

● あまり飲めない人は

　グラスが空いているとどんどんお酒を注がれたり、次の飲み物を勝手に注文されてしまう場合があります。注がれないためのコツは、手元に空いたグラスを置かない、常に飲み物がグラスに入った状態にしておくことです。

　お酒が飲めない人は、無理して飲む必要はありません。ソフトドリンクを自由に注文してもよし、食べる役専門に徹しても構いません。

● 雑談が苦手な人は

　発達障害を持つ方の中には雑談を苦手とする方がたいへん多いと思います。その場合は、宴会中は聞き役に徹したり、飲み物の注文係などに徹するのも一つの方法です。無理に会話に参加する必要はありませんが、職場の方々と交流できるよい機会です。いろいろな趣味や意外な素顔を知ることによって、同僚が身近に感じることができるかもしれません。

● 少人数の飲み会

　会社全体で行う飲み会とは別に、職場の気の合うメンバー同士で飲みに行く機会もなかにはあります。少人数で落ち着いて話ができるので、お互いのことをさらに知り合うよい機会になります。

　少人数の飲み会の場合は、話の内容が仕事のことや職場の人の話題になりがちです。参加することのメリットとしては、親しくなることによって、仕事の上でもお互い融通し合うような協力体制を構築できるということです。例えば一緒に仕事をしているメンバーが揃っていると、明日の業務の段取りをその場で決めてしまうこともできます。デメリットとしては、その飲み会に参加していない場合、「知らない間にその飲み会に参加したメンバーだけで仕事の進め方について決められていた」というような事態が発生しないとも限りません。「欠席すると何を言われているかわからない」という理由で飲み会に参加する人がなかにはいるのも事実です。

● 飲み会で注意すること

　飲み会で聞いた話は、そのメンバーだけで共有する話題です。真偽に関わらず、その内容は参加していない人たちには話さないのが鉄則です。あなたが職場で信頼されるためには、"秘密を守れる人"と思われることが大切です。もう一つ大事なことは、飲み会のときでも他の人の悪口を言わないということです。あなたが直接言わなくても、「あなたが誰々のことをこう言っていた」という話はどこからか漏れて、周囲に伝わりやすいものです。いつどんなときも「他の人の悪口は言わない」「本人がいないときに批判はしない」と決めておき、実行しましょう。あなたの行動が周囲の人たちに理解されると、あなたは悪口や批判を言わない人だという姿勢が評価され、あなたへの信頼につながります。

社交辞令

真正直が特徴

　発達障害を持つ方の特徴の一つに、「質問されたときに（あるいは質問されなくても）、真正直なことを言ってしまう傾向がある」ことが挙げられます。悪気はないのにミスマッチなことを発言し、失敗した経験を持つ方は多いのではないでしょうか？　自分の発言後に周囲が「ウッ」と無言になった反応や、凍りついた雰囲気を察し、自分の失言に気づくことが多いようです。「正直であること」と、相手の感情を傷つけないための言い回しとしての「社交辞令」の違いと使い分けを理解しておくと、人間関係がスムーズにいくようになります。

　それでは、発達障害を持つ方の正直さ、率直さを示す会話の事例を挙げて、一緒に考えてみましょう。

●ケース1：夜間の会合が長引いたとき
　相手：「遅くまですみませんね」
　自分：「そうですね」

⇒【気にしていないことを表明する】
　「（気にしないでください）大丈夫です」と答えるのが一般的です。夜間の会合が長引いたことで出席者の帰宅時間が遅くなることを申し訳なく感じている会合主催者の配慮の言葉に対して、相手への思いやりを示し、『自分は気にしていない』という気持ちで返しましょう。

●ケース2：お菓子をすすめられたとき
相手：「このお菓子を召し上がりませんか？」
自分：「私は甘いものは嫌いです」

⇒場面に合わせてどのように答えるかということは自然に学ぶというよりも身についていくものです。一般的には意識せずに答えています。何が正解とは決まっていませんが、次のようなパターンが考えられます。

① いただくとき
・「ありがとうございます」と言って、いただく。感情が豊かな人の場合は、「わぁ！おいしそう」などの表現が追加されます。

② 断るとき
・「（すすめていただいて）ありがとうございます。でも、私は甘いものが得意でないので結構です」とストレートに辞退の意を告げる。
・「ありがとうございます。おいしそうだけどお腹が一杯なので、今は結構です」と嫌いなことには触れずにやんわりと断る。
・「ありがとうございます。甘いものはあまり得意でないので……」と語尾を濁して（省略して）、辞退する意向を汲み取ってもらう。

③ 断りにくいとき
・「ありがとうございます。あとで食べます」ともらっておき、家に持ち帰る（持ち帰ることのできる形状のお菓子かどうかによります。もらったお菓子は誰にあげたなどの事実を伝える必要はありません）。

まずは相手の親切に感謝の意を表明し、その後いただくことを辞退する場合でも相手の感情を考え、少なくとも"嫌い"という言葉を使わない言い回しをするなどの方法をとる人が多いのではないかと思います。「嫌い」と言われるとあなたにお菓子をすすめた人は、自分が悪いことをしたように感じてしまうかもしれないからです。

●ケース3：世間話の中で

相手：「最近体重が増えちゃって……」

自分：「何キロ増えたのですか？」

⇒【容姿に関することには極力コメントを控える】

一般の人、特に女性は体重を気にしている人がほとんどです。体重が増えたことを話題にする、つまり体重が増加したことを気にしている相手に対しては、同意するのも好ましくなく、さらなる質問も場合によっては失礼にあたります。

①否定する

・「えー、全然そんなふうに見えませんよ」と否定してみせる。

たとえ実際に体重が増加したとしても人からは「体重が増えたのではないですか？」とは言われたくない人がほとんどだからです。

②会話に参加しているという表明だけ示す（否定も肯定もしない）

・「そうなのですか……？」

このフレーズは、いろいろな場面で応用できます。

③自分のことに話題を擦りかえる

・「私も体重が増えちゃって……。何かよいダイエットの方法を知っていたら教えてください」

③のように話題を擦りかえるという上級技を使用しなくとも、②の会話を聞いたという意思表示だけを行い、会話に参加することは可能です。

いずれのケースも、心がけることは相手の話を"否定しない"ということです。会話においては相手の話を聞いているという姿勢、あるいは共感しているという意志表示が大切で、それを表明するだけでも人間関係は十分に成り立ちます。

● ケース4：出勤途中で出会った人と

一般的にあたりさわりのない会話は天候やスポーツの話題などです。

① **気候に関する会話**

相手：「今日は寒いですね」　自分：「そうですね。本当に寒いですね」

⇒ 特別なことが思いつかなければ同意するだけで十分です。

② **スポーツに関する会話**

相手：「昨日のサッカーの試合、テレビで見た？」

自分：「見ませんでした」

⇒「見ませんでした」と答えるとそこで会話が終わってしまいます。次のように答えると、会話が弾みます。

自分：「深夜帯の時間だったのでテレビは見ませんでしたが、結果は朝のニュースで知りました」

相手：「ずっと観ちゃったよ。はらはらしたけど日本チームが勝って良かったよ！」

自分：「本当に勝って良かったですね」

サッカーファンでなくとも、日本チームが勝ったことでとても嬉しい相手の気持ちを汲んで、共感の意を示します。

礼儀と社交辞令

『自閉症スペクトラム障害のある人が才能をいかすための人間関係10のルール』（テンプル・グランディン、ショーン・バロン著、門脇陽子訳、明石書店、2009）でも語られているように、発達障害を持つ人が嘘をつくことは大きなストレスになります。しかし、社会でうまくやっていくためには100％真実を語ることが最善の策ではないことも知っておく必要があります。

礼儀を知り社交辞令を知る

　同書の中で、「礼儀のルール」と分けて「正直のルール」が説明されています。礼儀とは人間関係や社会生活の秩序を維持するために人が守るべき行動様式です。対人関係においても気配りや敬意に基づく行動の規範が礼儀といえるので、相手に関する発言に対して気配りする必要があることを知っておくことが大切です。そして、そのような視点で経験を積み重ねていくと、相手の洋服や持ち物などについても嘘をつかずに何かよい点を探して発言することができるようになります。人と接するときの暗黙のルール「人と接するあらゆる場面で、ことばをじょうずに選べるかどうかにかかっている」（p.236）を知ります。正直に言うか社交辞令で言うか、その基準の線引きは難しいですが、判断に迷うときには「よいことを最初に言う」（p.238）を体験的に学ぶとよいでしょう。

表現は時代とともに変化する

　皆さんはポリティカル・コレクトネスをご存じですか？　ポリティカル・コレクトネス（political correctness，以下、PC）とは、人種・民族・宗教・性差別などの偏見が含まれていない公平な言葉の表現のことです。多民族国家のアメリカで政治的（Political）な観点から見て正しい（Correct）用語を使うという考えで使われるようになった言葉です。英語では「-man」とつくものはPCに反するとしてビジネスマンはbusinessmanからbusinesspersonに、消防士はfiremanからfirefighterになりました。日本でもこのPCの考えにならい看護婦・看護士から看護師へ、スチュワーデス・スチュワードから客室乗務員へなどのように改正されました。その他、パソコンスキルの一つブラインド・タッチはタッ

チ・タイピングに修正されています。また、テレビ・ラジオなどのマスメディアでは、人権に関わる表現などは表現上の配慮が必要との理由により放送禁止用語として使用を自粛しています。普段使う言葉についても失礼な表現でないか注意して使う必要があります。

しかしながら、キャスターやアナウンサーではない人が、PCや放送禁止用語をすべて知っている必要はありません。また、あなたが礼儀について知らないからといって心配する必要もありません。仕事上の礼儀やマナーも少しずつ覚えていけばよいのです。

ここで重要なことは、社会人となった以上は、礼儀やマナー、そしてさまざまな知識を身につけていく必要があること、そして物事をうまく進めていくためには周囲の人への気配りも必要であることを知っておいてもらいたいと思うのです。

なぜ社交辞令が必要か

発達障害を持つ方は礼儀正しい方が多く、礼儀の必要性については十分に理解していると思います。しかし、社交辞令については「なぜ思ったことを正直に伝えてはいけないのか？」と疑問に思う人もいるかもしれません。社交辞令は社会でうまくやっていくために、さらに言えば、仕事をうまく進めるために必要なのです。会社員として仕事をしているなら、クライアント（法人）、お客様（個人利用者）あるいは社内の人との交渉・会話を通し、物事をうまく進めるためには社交辞令を使うほうがうまくいくに違いないからです。相手に好感を持ってもらうと仕事も首尾よく進み、あなたの成果につながります。結果として給与、賞与、昇進へ影響することもあります。目の前のことで精いっぱいになりがちとはいえ、間接的な影響も考えておきましょう。

"怒り"のコントロール

　"怒り"とは、「一般に目標に到達するための行動が妨害されたときに生じる攻撃的な情動」（日本大百科全書）とされています。発達障害を持つ方は、自分の位置・居場所を確保することで安心感を得ます。環境が変化するときには、その変化の規則性を見つけようとします。それができないときに、特に自分の気持ちを切り替えることが苦手な人は、変化への抵抗の感情として恐怖や怒りが込み上げてくることでしょう。自分の想像を超えた出来事が起こり、自分の期待通りになっていないとき、自分の期待と現実の不一致に怒りが込み上げてくるのです。

　厳格な自分のルールを持つと言われている発達障害のある方は、自分の思い通りに物事が運ばないときに怒りが込み上げて、感情をコントロールできなくなりがちです。当事者の方の中には0％か100％という極端な判断基準を持つ人が多く、膨れ上がった怒りのあまり、不幸のどん底に落ちたような気がする人もいるのではないでしょうか。

怒りのレベル

　怒りには、少し違う、嫌だ、ムッとするというレベルから、頭にくる、怒りで手足が震える、顔が真っ赤になるなど程度はさまざまです。物事に対し白か黒を求める発達障害を持つ人には思い通りにならないことが起こりがちです。また期待値が100だとすると期待と現実との差は大きく、常に大きな怒りを感じることになります。実際には個人が感じる怒りのレベルはさまざまで、健康を損ないかねないほど敵対性の高い怒り

を感じる人は全体の20％ほどで、逆に敵対性の非常に低い人も全体の20％ほどと言われています（『怒りのセルフコントロール』レッドフォード・ウィリアムズ、ヴァージニア・ウィリアムズ著、岩坂彰訳、創元社、1995）。

怒りの本当の原因

　怒りの原因を分析すると、"驚いた"ことが発端の場合もあるかもしれませんが、理由をつきつめれば"自尊心を傷つけられた"ことによるものが多いのではないでしょうか。原因となる感情が大きければ大きいほど怒りも大きくなります。自分の弱さは人には見せたくない部分ですが、自分の気持ちに向かい合っていくことが状況を解決する第一歩です。

分析と対応

　自分の怒りを振り返ることで傾向をつかみましょう。起こったことを書き出してみると分析しやすくなります。時間が経過し冷静になって振り返ると、そのときの自分の気持ちを説明することができると思います。そして相手の感情も考えられるようになります。例えば攻撃をしかけられたときには防御するのは自然な反応ですが、相手に怒りをぶつけられてその怒りに脅威を感じ、防御するために怒りで対応してしまった、という事実を認識する場合もあるでしょう。

　職場で周囲に怒りをぶつけると、その瞬間にあなたの気持ちは晴れるかもしれません。しかし、長期的にみるとあなたにとってマイナスの評価にしかなりません。果たして、怒りをぶつけた相手にあなたの気持ちが伝わったでしょうか？　怒っていることだけが伝わって、実際の問題がうまく伝わっていなかったら、あなたは怒りやすい人間、キレやすい

人間とレッテルを貼られてしまいます。自分の伝えたいことを伝えるという目的を達成するためには、冷静に行動する必要があります。

気持ちを切り替える

具体的な衝動の抑え方の一つとして効果的な方法は、環境を変えることです。気持ちを切り替えるためにすでに実施している方も多いと思いますが、その場を離れることが可能な状況であれば席を外して化粧室に行って顔を洗うという方法があります。あるいは給茶器コーナーに行ってお茶を飲む、自動販売機で飲み物を購入して飲むという方法もあるでしょう。離席が難しい状況であれば常備してある飲料を飲み、気持ちを切り替えるきっかけにします。気持ちを切り替える方法は"怒りの感情をコントロールする方法"などと称されてさまざまな文献で案内されています。考え方を変える方法もあれば、別のことを思い浮かべる方法や瞑想する方法など実に多種多様な方法があります。いろいろ試してみて、自分にとって最も効果的と思われる方法を見つけましょう。

現状の打開（話し合い、交渉）

自分の伝えたいことを相手に理解してもらうには、できるだけ冷静にかつ客観的に事実を伝える必要があります。カッとなっている状態では、よい交渉はできません。相手に話を聞いてもらうためには、自分の主観は混じえないよう伝えるのがコツです。その上で自分の希望を相手に提案形式で伝えます。提案が受け入れられれば問題は解決ですが、受け入れられなくても落ち込む必要はありません。提案を練り直して再提案を行えばよいのです。諦めずに徐々に改善を図っていきましょう。

ストレスのコントロール

✓ ストレス解消法

　職場で過剰に感情的にならないためには、日頃からあなた自身のストレスをコントロールしておくとよいでしょう。常日頃からストレスを抱えている状態では、何か問題が発生したときにあなたは怒りを感じやすく、その怒りがいきなり沸点に達してしまうかもしれないからです。多くの人が挙げるストレス解消法としては、たくさん寝る、たくさん食べる、買い物をする、お酒を飲む、友達と話す、音楽を聞く、お風呂にゆっくりつかる、カラオケで思いきり歌う、運動する、ドライブに行くなどがあります。

　ストレスに打ち勝つためには、自分の健康と体力が大事です。心身ともによい状態で仕事に臨むためには、睡眠を十分にとること、ゆっくりお風呂につかることは即効性のあるよい方法です。「たくさん食べる」「お酒を飲む」はほどほどなら構いませんが、健康や仕事に影響が出るほどでは本末転倒です。どちらかといえば「カラオケで思い切り歌う」や「運動する」などをおすすめします。

　また、ストレス解消の一番の方法はその原因を取り除くことですが、その原因が人間関係によるものだとすれば、思うようにはいかないものです。代替療法としては自分の体力を強化し、ストレス耐性をつける、あるいは溜め込んでいる感情を発散させる、などでストレスの軽減につながります。人のいないところで泣くという行為も感情を解放する効果があると言われています。

支援者とつながっておく

　企業の中には就業を開始した発達障害を持つ社員が、社外の支援者にいつでも相談できるように道筋をつけておくことを奨励する企業もあります。もちろん社内で相談を受ける体制を整える一方で、社内では言えないこともあるだろうと、社外の支援者とつながっておくことを勧めているのです。この場合の支援者とは、障害者職業センターや支援機関の職員が一般的です。就職が決まった時点で障害者職業センターを訪ね、就業開始後の支援を依頼する方は少なくありません。

　また、支援といえばジョブコーチによる支援が知られていますが、採用を前提とした職場実習（雇用前〜後）、雇用と同時、雇用後といずれの場合も利用できます。業務の遂行に関してジョブコーチの派遣が必要のない方でも、定期的に職場に訪問してもらい、話を聞いてもらう支援者の存在は貴重です。訪問の頻度は相談して決めますが、就職直後、1ヶ月後、3ヶ月後など状況確認のために定期的に訪問を受けられます。依頼は、本人あるいは企業のどちらからでも構いません。

　発達障害を持つ方の中には、自分にそのつもりがなくともコミュニケーションエラーを起こしやすい方がいます。自分一人で解決できない事柄が発生したときには、企業との間に立って橋渡しをするジョブコーチなどの支援者が何よりも必要です。

誰に相談してもよい

　あなたには誰か相談できる人がいますか？　もちろん、家族や兄弟、

友人のほか、学校の恩師、出身大学の就職課、支援機関のキャリアアドバイザーなど周囲に相談できる人がいれば誰でも構いません。できれば企業に勤務した経験があり、冷静な判断ができる人がよいでしょう。職場の人間関係の悩みは、自分より経験の豊富な人に相談するのが一番です。ただし、注意しておくべきことは、友人や少し年上の先輩では人生の達人とは言えないので、アドバイスは少し割引いて聞き、あくまでも参考と考えることです。また、複数の人に相談し、それぞれからいろいろなことを言われると、誰の話を信じてよいのか、どうしたらよいかわからなくなってしまうかもしれません。自分にとってのキーパーソンは、一人に決めておくとよいでしょう。

✓ 支援者がいることの効果

　就業を開始した皆さんに支援者が付いていることの安心感は非常に大きいと思いますが、実際の効果は現在の問題の整理・分析の手助けが得られることであると思います。もし、仮に何らかの問題が発生した場合、一人で考えていると堂々巡りになってしまいます。知識や経験の乏しい新人の場合、問題を解決するための方法が浮かびません。また、間違った情報を取り入れていたり、物事を自分勝手に誤って思い込んでいる場合も自分一人では気づくことができず、修正もできません。ゆえに、当事者の方の話をじっくり聞き、事態を冷静に確認してくれる存在が何よりも大事なのです。自分から依頼することが苦手な方も、思い切って周囲の人の中で相談しやすそうな人に相談してみるとよいでしょう。
　最後に確認しておきたいことは、支援者はいざというときに手助けをしますが、意見は絶対ではないということです。何事も他の人の意見はあくまで参考であり、取り入れるかどうかは皆さんの判断です。

「雑談」の必要性

Voice Manage代表／言語聴覚士　村上由美

　私は幼い頃、母の知り合いの心理士から自閉症を指摘され、専門家や母の療育を受けて育ちました。大学では心理学を学び、卒業後は言語聴覚士の養成校に進学。その後、支援者としてコミュニケーションを通して障害の困難な状況を見極めたり、ご家族へも支援を行う仕事をしてきました。体調を崩して一旦退職・休養していましたが、コーチングの勉強を始めたことをきっかけに、一般の方に声と話し方を指導し、トレーニングなどを行うようにもなりました。私生活ではアスペルガー症候群の男性と13年前から一緒に暮らしています。そのため発達障害の当事者・支援者・家族という3つの立場から情報発信をする活動も行っています。

◎ 「雑談」の意義

　発達障害の当事者は雑談が苦手なため、就労後のコミュニケーションなどで困惑してしまうことは多く見聞きします。私が管理人をしている発達障害関係の掲示板でも「休憩時の雑談や飲み会などのお付き合いが苦手で、どうしたらいいか」といった相談が書きこまれます。

　もちろん雑談は本来業務には直接関係ないので、必ずしもやらないといけないものではありません。職場は友人関係を築く場所でもないので、最低限仕事ができて続けられれば問題はないはずなのです。

　しかし、私はそれでも雑談はある程度できた方がいいと思っています。それは業務を続けるためにも必要なことが多いからです。企業に就労する場合、すでにその組織には人の輪ができています。無理に人

の輪に入らなくても構いませんが、同じ職場の人に自分がどのような人間かを知ってもらうことはとても大切になります。

　私が病院や施設で働いていたときのことを例に挙げると、言語聴覚士は職種が少数派のため、まずは自分のことを知ってもらわないと仕事になりません。同じ職種の人が多い、あるいは医師や看護師といった仕事のイメージがしやすい職種であれば自然と言葉を交わす機会がある一方、少数派の職種は自分からアピールしなければ下手をすると大事な仕事や情報が回ってこないのです。これは死活問題です。私は他の職種の人に積極的に声をかけ、コミュニケーションをとるようにしていました。その際に潤滑油になったのが雑談です。

　雑談は話をする相手への「あなたに興味があります」というサインでもあります。その際まずお互いの共通点を見つけることが大切です。「それを見つけて何になるの?」と思う人がいるかもしれませんが、多くの人は共通点を見つけることで安心感や信頼感を覚えるものです。相手の興味がないことをこちらがいくら話しても相手は関心を持ってくれないばかりか、「どうしてこの人は私が興味ないことに気づいてくれないのだろう?」と不信感を持たれかねません。つまり、それだけ相手のことを見ていないと雑談は成立しないのです。例えば私の仕事の場合、小児関係なら季節の行事（遠足や運動会など）、成人関係なら興味のあるスポーツ（プロ野球やサッカーなど）や音楽といった相手が興味のある話題を見つけておくことが大切になります。テレビや新聞などで情報を事前に調べておくことも必要です。とはいっても発達障害を持つ方の場合、調べ始めると、とことんまで調べ抜いてしまう人も多いため、むしろ相手との話を引き出すための糸口になる程度にとどめておいた方がいいでしょう。自分が知っていることを全部話そうとすると、かえってうまくいきません。目的はあくまでも会話を楽しむためのものだということを忘れないように心がけま

しょう。

　発達障害を持つ方が雑談を苦手とする理由の一つは、相手を観察する余裕がない、あるいは相手のことを知る必要性などをよく理解していないことが考えられます。また、多くの人と注目するところが異なっているために話が噛み合わないという問題もあります。

　職場での会話の場合、業務に支障がない範囲なら一緒にどこかへ出かけたり食事に行くほどまで親しくならない限り、あまり自分のことを事細かに話さない（とくにネガティブな内容）といった気配りも求められます。

　そして人間関係がよくわからない、あるいは職場の職員同士の派閥争いなどがある場合、自分の意に沿わない内容であれば同意や否定と思われる明確な意思表示をしないで「〇〇さんはそう思われるんですね」「私にはよく分かりません」といった表現をすることも大切になります。最近はアサーティブやコーチングなどのコミュニケーションに関する本なども出ているので参考にされるといいと思います。

　発達障害を持つ方は過去に多かれ少なかれ人間関係のトラブルに巻き込まれた経験があるため、どうしてもコミュニケーションは必要最低限に抑えたいと考えがちです。しかしある程度はコミュニケーションを持っていないと相手もどう関わっていいかわからず、トラブルなどが起きたときにも結局遠巻きに見ているだけで終わってしまいます。

　対人の仕事の場合、雑談は仕事を進める上でも大切な要素になります。私は病院や行政機関で働いてきましたが、病院や言葉の相談に来る患者さんやご家族はとても緊張してやって来ます。そのようなときにちょっとした雑談でリラックスしてもらい、話しやすい雰囲気を作るとその後の会話の量や質が向上します。そして、大事なことは雑談のあとにポロリと出てくることが多いものです。それだけ人というの

は安心して話すことができる関係がないとなかなか本音を話そうという気持ちにはなれません。

　自分の経験からも「人と関わるのが怖い」という発想のうちはなかなかうまくいきません。メリットを知り、人間関係づくりに役立つ雑談を大いに活用しようと前向きに取り組むことも大事だと思います。

◎ 雑談をする上でのポイント

　雑談というとムダ話というイメージも強いためか、一般的には位置づけが低いようです。相談業務でも親御さんが「せめておしゃべりぐらいはできてほしい」という声を聞きます。

　しかし、言葉の専門家からすると雑談はとても高度な情報処理が必要です。雑談中の会話は話し手と受け手がどんどん入れ替わり、情報が次々変化していきます。状況によっては話が突然終わったり戻ったりするので、かなり複雑なのです。話の筋を覚えていないとたどれません。「話を要約する」「大まかな内容を記憶する」「記憶した内容から情報を引き出して推測する」「相手の反応を見る」といった作業を同時並行でやっていくのですから、発達障害を持つ方にとっては本当に大変な作業だと思います。

　子どもたちとおしゃべりしているとわかりますが、時系列に沿って内容のある会話ができるようになるのは4～5歳くらいからです。それまでは大人が推測し、補足しながらリードしないと「何が言いたいのかさっぱりわからない」という状態になります。一般的に相手の状況を考えながら情報を過不足なく話せるようになるのはだいたい年長から就学後です。何となくできるようになるため、普段あまり意識しませんが、多くの前提となる知識やルールが必要なのがこのことからも分かります。

　発達障害を持つ方の場合、一度に複数の情報を処理する、少し前の

ことを覚えて今の状況と照合しながら柔軟に対応するということがとても大変なことです。また、雑談の前提となる知識やルールの理解に乏しいこともあります。ルールを推測することも苦手なため、多くの人が「このくらいは分かっているはず」という暗黙知が頭の中に入っていないこともよく見受けられます。

　そして発達障害を持つ方が雑談するポイントとしては、まず自分の好みや傾向といった自分の状況をよく知っていることが重要になります。また、雑談は職場では食事や仕事の合間のちょっと一息入れているときによく行われますが、いつも雑談に応じていたら仕事が進まないこともあるでしょう。そのためにも常に優先順位を把握し、雑談に乗れないときは「すみません。今日は仕事に集中したいので」「今日中に仕上げないといけない仕事があるので」といった断り方を身につけることも大事です。このときあまり露骨に相手のおしゃべりが嫌と表現するよりは、自分の仕事をする上で雑談する余裕がないことを率直に伝えることを心がけるようにするといった工夫も必要になります。

　また、発達障害を持つ方は「苦手なことを頑張りなさい」と言われることが多いせいか、苦手なことを必要以上に克服しようとする傾向があります。しかし、努力すると同時に限界を知って燃えつきる前にセーブすることもときには大事なのです。そのためにも角を立てない言い回しやストレスになる状況をうまく避ける、どうしてもというときはあえて自分の状況を伝えて相手との距離をとることも重要です。

◎ 夫のこと

　私の夫も雑談は大の苦手です。2人の会話でも話の筋が追えない、最初の方の内容を覚えていないといった問題が出てきます。3人以上の会話になるとさらに誰が何の話をしているかといったことも複雑に

なるため、話を聞いて考えているうちに流れが変わってしまい、話をするタイミングを失ってしまうことも多いとのことです。友人や知人が訪ねてきても自分が会話の輪に入れるところ以外は私に任せています。本人は黙ってニコニコしているか、黙々と食事などをしています。

　飲み会では話についていくのに精一杯で、たいていお腹を空かせて帰って来ます。せっかく飲み会に行ったのにお腹空かせて帰宅なんて……とも思いますが、夫の場合、飲み会の目的が人とのおしゃべりであり、人付き合いするためにはこの割り切りも必要だろうと思っています。幸い夫はほとんど自宅で仕事をしているため、外出して人と話をするのは打ち合わせや飲み会という状況です。雑談は少しするようですが、対人の仕事とは量が格段に違います。雑談が苦手な夫にとっては最適な環境だと言えるでしょう。

　ここで注目すべきなのは、夫は場面によって優先することを決めていることです。雑談や会話をする必要がある場所では食事などを後まわしにし、私と一緒にいるとき自分はその場にいることを優先させ、私にメインの会話を任せています（たまにこれがきっかけで喧嘩になることもありますが）。一度に複数のことを行うことが苦手な人は、このように「いまは何が大事か」を冷静に考えることもときには必要だと思います。時々状況を紙に書いて整理する、優先順位を見直すといった工夫も大切になるでしょう。夫も最近は悩んでいることを私に話すことで、自分がやりたいことやいま優先すべきことなどを整理しています。このような姿を見ていると、雑談ができるためにはまず己を知ることも大事なのでは、とも感じています。

◎ 周囲の人の支援

　雑談をするためには本人の努力以外に、周囲の人も協力することが大事だと思います。例えば「～できた？」「今、少し話したいんだけど」

といったさりげない声かけをする、注意がそれないよう机の上などを片付けておくといった対応をして、本人が行動しやすくフォローすることを意識するとさらに話に注意が向きやすくなります。

　また、よくわからないことを聞かれた場合は、わかる範囲とそれ以上はわからないことを伝えることがときには必要になります。そしてわかるために必要な情報を質問して聞き出すといった対応ができることも大事になってきます。そのためにも時折「つまりこういうことですか？」と自分が聞いて感じたことを要約して伝えることができるとさらに話を広げていくことができます。

◎ 最後に

　発達障害を持つ方がより暮らしやすくなるためには、まず現状を知ること、そして「もう少し快適な方法があるのでは？」という視点を持つことだと思います。同時に完璧を求めず継続できる方法を模索することも大切です。雑談ができると楽しいこともある、くらいの気持ちで身近なことから始めてみてほしいと思います。

第5章

職種を知ろう

職種の中身を知る

　さまざまな職種の中には発達障害の人に向いていると言われる職種もありますが、実際にその仕事の現場でどのようなことが行われているのかは、イメージだけではわかりません。同じ職種でも、企業によって仕事内容は違います。もしかすると自分が想像していた仕事内容と違うかもしれません。この章では、いくつかの職種の仕事内容を一例として説明し、その職種で一人前と呼ばれるために必要なことを挙げます。
　その前に、仕事の上で理解していないといけないことがあります。

✓ 職種の内容を知る

　仕事を選ぶ上で、憧れや希望の職種がある人も多いと思います。しかしながら、障害の特性からその職種に向いていないこともあります。また、向いていてもその職種の仕事全部をこなせるかどうかはわかりません。それを見極めるために、その職種の実際の業務はどんなものか、できる限り具体的に情報を集めます。思い描いている理想の仕事像と現実の仕事内容の違いを見極めることが仕事選びには大切なことです。
　職種を知るために、実際の職場を見ることは大変参考になるでしょう。しかしすべての職場を見ることができるわけではないので、社会の先輩たちの話を聞くことも有益です。就職指導を担当している学校の職員・コーディネーターに、いろいろな仕事についた卒業生、先輩らの話を聞くことができるか相談してみてもよいでしょう。就労支援機関の職員の中に、さまざまな職についた経験のある人がいるかもしれません。

自分に向いている職業はこれだ！と思っても、客観的に見ると過大評価していることもあります。実際の仕事の中身を詳しく知り、多くの人から適職かどうかの意見をもらうことがミスマッチを抑える方法です。

職種と仕事

　職種によっては、資格が必要とされるものもあれば、専門の勉強をして知識を身につけていないと話にならないものもあります。また、どの職種も一つの仕事だけをしているわけではありません。いくつもの小さな仕事が組み合わされて、一つの職種になっているのです。一つずつ仕事を覚えていくうちに任せられる仕事の種類も増え、一つひとつの仕事の難易度も高くなり、量も増えていきます。その仕事の集積が「職種」となるのです。

パソコンが「使いこなせる」とは

　どの職種でも、採用面接では「パソコンを使えますか？」という質問をよく耳にします。勘違いされやすいことですが、ただ操作できるだけでは、パソコンを「使いこなせる」とは言えません。極端な場合、「どのソフトウェアやハードウェアを使えばいいかわからないが、こういうものを作りたいので方法を考えてほしい」と指示され、その答えを求められる職種もあるのです。パソコンにトラブルが発生したときに正しく対処できることも「使いこなせる」の意味に含まれます。使いこなせるかどうかを聞かれたら、実際に経験があって自分にできること、習っただけで経験はないことを正確に伝えることが大切です。相手に過大な期待をさせることは、結果的に自分の信用を下げることになるからです。

エンジニア(機械加工・設計)

●仕事を始める前に

　エンジニアと呼ばれる職種は幅広く、製造業やサービス業などの業種における専門職、技術職のことを指します。ここで挙げる「設計」とは、要求に合わせてモノを作り上げていくための規定や仕様、完成までの作業を作る仕事で、機械、建築、電気などさまざまなモノ作りの分野に分かれています。具体的には、

①工業製品、製品を作るための工作機械、自動車や船舶などの輸送機械
②家屋・ビル・橋・塔などの建築物
③家電製品、工業用の電気機器
④コンピュータ・ICチップ・半導体などの電子機器・部品
などが挙げられます。

　エンジニアになるためには、それぞれの技術分野における専門知識や学問としての教養を持っていないといけないので、工業系の専門学校や該当学科のある大学で基礎を学ぶ必要があります。

　しばしば勘違いされがちですが、設計の仕事は図面を描くことだけではありません。"モノを生み出す""動かす仕掛けを考える"ことが設計です。それを見える形に置き換えることが、図面を描くことになります。

　現在では、2次元や3次元のCAD(コンピュータを使った製図システム)を使えば、比較的簡単に図面を作成することができます。また、CAD関連の資格も存在します。しかしながら、CADの利用技術があるだけでは、設計の仕事は務まりません。設計者とのやりとりには、専門分野の知識がなければ理解できないことも出てきます。

● モノ作りの一歩

　例えば、金属加工をする機械の設計をする場合には、加工して作られる生産物、製品をどのように作り出すのかを知らないといけません。したがって、まずは実際に製作することを学ぶことから始めます。その製作に欠かせないのが工作機械で、その操作方法を覚えます。最初は、指導者や先輩の仕事を見ることから始まります。何をどれだけ使って、どんな操作をすれば、製品ができるのかを見て覚えます。手本をまねて練習モデルを製作することで、作りたいモノを作るための、加工の限界、操作手順、必要工程などと同時にその意味を実感して覚えていきます。最初はまねることすらままならず、失敗の連続で落ち込むこともあると思います。どうすれば効率よくモノが作れるのかを、自分で考えられるようにならないといけません。それを身につけることが目的なので、指導者や先輩がすべて手取り足取りして教えてくれるとは限りません。

　その他にも、機械操作などを含む作業上の安全管理の意識も理解しないといけません。就業中の事故によるケガは当事者だけではなく、企業の管理能力そのものも問われることになり、社会的信用を失墜させます。その点では、大変厳しく指導されます。

● モノ作りにかかる責務

　モノを作る場合、さまざまな部品の集合体が完成品となり、それぞれの部品ができるまでにはいくつもの工程があります。その過程では、多くの人が製作を分担して関わっています。分担作業が順序に従って進む中で、自分の作業でミスをして仕様外の製品にしてしまった場合、それまでの作業が無駄に終わることになります。その工程までにかかった時間と費用（材料費や人件費など）が無駄になってしまうのです。最初から作り直しとなれば、納期までのスケジュールにも影響が出てきます。

それを考えると、あらためて自分にかかる責任の重さを感じることと思います。常に真剣に、集中して仕事に取り組まなければなりません。
　それから、人と協働するチームとしての仕事は、メンバー同士の連携、協力がなければ円滑に進めることはできません。自分の担当業務を完了させることも重要ですが、チーム全体がうまく動かなければ製品を完成させることはできません。また、チームで協力することで、自分の担当業務の周りの仕事を知ることにもなります。

● 部品図面を描く
　次に、簡単な機械部品や治具の設計を行うようになります。CADの操作を覚えることはもちろんのこと、作る過程や機械の動きを想像しながら図面におこしていきます。例えば、完成製品の図面があるとすれば、それを製作するためには、どのような製造工程を経て最後の製品になるのかを、段階を分けて、その各段階で必要な動作・加工を想像して、機械部品の形状を決めていきます。
　CADを使うと多方面からの確認ができ、動作や組み立てのシミュレーションができるので、そこで不具合が見つかり設計ミスがわかることもあります。それでも自分の頭の中で3次元のイメージができていないと、ミスを繰り返して先に進むことができません。まずは一部品からのスタートですが、いくつもの部品図、それらの組図の設計を繰り返していきます。そして、「動き」がわかることから「動かすこと」がわかるようになって、ようやく一つの機構の基本設計を任されるようになります。
　「図面が読める」とは、表記がわかる、解釈できるだけではなく、描かれているモノを3次元でイメージできる、あるいは立体的に描くことができる、大きさを把握していることなどが条件になります。これができなければ、設計の仕事を任されることはありません。

● 図面を描くだけではダメ

　部品や機械機構部についての設計も仕事の一つですが、機械の動力源は電気となるので、その電源や電気による駆動部、供給経路（電気配線や駆動手順）も設計の仕事に含まれます。部品図面を描くだけではなく、配線図や駆動手順のプログラミング図を描き、実際の配線処理や専用の制御装置を使っての駆動を確認したりもします。本来は電気設計の領域ですが、場合によっては、この分野も担当しなければならないこともあります。

● 一人前と呼ばれるには

　設計は、単純に図面に置き直すことが仕事ではなく、モノが作り出されるすべての工程で起こることを熟知しておかないといけません。元となる材料、調達方法、値段、製作工程、工程での実作業、加工・仕上がり処理、そして製作作業の中に高い質の付加と保持を求めたり、納期に合わせての工程を管理したり、その全体を見通すことができないといけません。

　さらに、顧客や協力企業との交渉ごともあります。専門職の強い技術職であるとはいえ、幅広い業務に柔軟に対応できないといけません。職場によっては、交渉担当と設計担当の分業体制が確立されていて、本来の設計業務にのみ専念できるところもあります。

　設計の仕事には、「形ないモノを想像して、目に見えるモノにする」という課題を解決するために、どうすれば結果を導き出せるかと常に考えることが求められます。小さな案件を任せてもらうまで、最低でも3年〜5年ほどかかると言われています。職人的な要素も含むので、あらゆる場面に対応できるには、さらに十数年の経験が必要と言われることもあります。

システムエンジニア、プログラマー

● 仕事を始める前に

　技術職であるシステムエンジニア（以下、SE）やプログラマーに求められる資質・スキルは、①理工・情報系の大学や専門学校などで情報系の基礎教養を身につけること、②システム開発者としての資格を持つこと、③システム化しようとする対象業界の業務実態や知識を知ろうとすること、④顧客への提案・交渉・調整力、⑤数千〜数万行にわたるプログラムコードを一つずつ理解しようとする忍耐力、⑥トラブルに対応するための思考の柔軟性などが挙げられます。

　文系出身者には条件的にこの職種は厳しいと諦める人が多い一方で、独学でプログラミングの勉強をして就職する人もいます。また、開発プロジェクトを指揮するような SE の場合、単に専門知識があるだけでは務まらず、表現力やコミュニケーション能力が重視されます。

● プログラム解析から始まる

　最初に携わる仕事はプログラム作成ではなく、その職場で手がけた既存システムを熟知することから始まります。要するに、システムが運用されている現場を理解することです。システム納入後、稼動中に不具合が発生して正常に動作しなくなったときに、それに対して速やかに原因を特定し、システムを改修・再稼動させなければならないからです。システム障害の原因究明と対処のためには、システム全体の仕様と内部構造、運用方法などを覚えておく必要があります。また、顧客から細かな修正依頼があった場合には、要求通りにプログラムの追加・変更をしな

ければなりません。そのためには、要求されている機能がプログラムのどこにあるのか、要求通りに処理が実現できるのかを割り出さないといけません。制作者であればすぐにわかることとはいえ、多数の制作者が携わった大きなシステムになると、納入後に担当を外れることも多くあります。そのため、制作者でなくとも、保守・メンテナンス要員として既存システムを熟知する必要があるのです。この経験を通して、システム全体を見通すためのコツをつかまなくてはなりません。

　実際の作業は、膨大な仕様書等のドキュメントとプログラムのソースコードを見比べながら、職場内の端末で擬似的に動作させて、プログラム処理と実際の動作との紐付けを行い、システム全体の構成や処理内容を確認していきます。最初は、あまりにも膨大なドキュメントの中で、何から見ていけばいいのかわからず戸惑うかもしれません。まずは、目に見える表示部分やインターフェースの動作から解析して、内部処理のフローを追いかけ、隅々の処理の意味を理解していきます。プログラムの処理だけを見ていても、それはただの数値計算に過ぎませんが、数値や処理の組合せ一つひとつに、システム化された業務の中身が反映されています。システムを理解するためには、納入先企業の業務内容もわかっていないといけません。根気強く、膨大で複雑な情報を整理する力が必要となります。そして、ここで既存のプログラミング・テクニックとシステム構成から実際の構築手順までをつかみとります。

●開発チームの一員として

　解析の経験を積んだのち、プログラミング要員として、あるシステム開発チームに加わります。何を実現するのかを理解するために、大まかなシステムの概要仕様と担当する部分の処理についての説明があります。システムの規模によっては、何十何百のチームもあれば、チームリー

ダーと2人だけ、または1人ですべてを担当する場合もあります。

● プログラミングにもルールがある

　職場で統一されたプログラミング作法を理解したうえで、実際のプログラム作成を行います。チームリーダーから出されるプログラム仕様書に則って、実際に端末入力してプログラムを作っていきます。システム全体から見ると、小さなパーツとなる処理プログラムを制作することになります。制作者個人のレベルでは、具体的にどの機能の何を処理する部分なのかまではわからない場合もあります。制作には、仕様書に記述されている処理の意味を正確に理解する必要があるため、チームリーダーや他の担当者と話し合いながら、システム全体の中の担当部分の位置づけや役割を確認します。また、顧客が指定する手法もしくはチーム内での制作作法や開発上のルールに則ってプログラミングをします。自分勝手な手法でプログラミングすることは、システムの処理や管理・メンテナンスの面で支障をきたすおそれがあるため認められません。

● 正常動作するまであきらめない

　制作したパーツが要求通りの結果を出すかどうかのテストも制作者自身で行います。その結果とプログラミングコードを合わせて、そのパーツの上位部分や周辺部分の担当者が使えるように保存・管理していきます。プログラムを作ると同時に、テスト仕様や実施報告のドキュメント作成もその都度行います。システムの規模にもよりますが、膨大な数の制作仕様に合わせて、プログラミングとテストを行い、その結果を報告書としてまとめていきます。その後、作成されたパーツを機能単位に結合して、再度、動作処理の整合性のテストをします。プログラミングとテストの繰り返しの、根気のいる作業が続きます。また、突然打診され

る仕様変更に対応して、急遽プログラム変更することもあります。

●納期を守る

　稼動するシステムを納期までに制作することがSEおよびプログラマーの使命です。トラブルなどで遅れた分を取り戻すために残業や休日出勤をすることもあります。また、納入先の企業で調整作業を行う場合には、正常に稼動するまで現地で作業し続けることも珍しくありません。このようにしてシステムが作られていく過程の中で、各フェーズの進め方をつかんでいくことになります。

●顧客の声を形にする

　プログラミング作成を繰り返すうちに、顧客との間で機能仕様や技術的な話し合いを行うようになります。顧客が求めている要求をつかみ、それを実現するための方法を考え、顧客にわかるように説明し、了解を得なければなりません。このような仕事を何度も繰り返していくうちに、制作のプログラマーから設計のSEへと職域も拡大します。このように、SEには一人よがりの設計ではなく、顧客の運用のしやすさを考えた"お客さま視点"や、プログラマーの作業が軽減される"制作者視点"など全体を最適にすることを常に考えることが求められます。

●トラブル処理は地道

　どんなシステムでも設計ミスや作成ミスというのは起こり得ます。制作段階や納入後の段階でシステム停止などの不具合が発生した場合、その原因を突き止め、速やかに対応するために、あらゆるケースのテストデータを用いてプログラムを部分別に検証していきます。実際にシステムを稼動させて不具合の再現性や動作の整合性を確認していく、試行錯

誤の連続です。解決できるまで行われる地道で根気のいる仕事です。肉体的にも精神的にも負荷がかかるため、自己管理ができなければ続けることはできません。

● ウェブ系開発者に求められるもの

　現在は、ホームページなどウェブ系開発者（デザイナーやディレクターなど）に人気が集まっていますが、機能もさることながら見栄えなどのビジュアルという点で高い成果を求められます。顧客が満足し、かつ多くの人を惹きつけるようなデザインと機能や仕掛けを組合せた魅力あるウェブサイトを作り上げることのできる知識、スキル、そして緻密さが求められます。

● 一人前と呼ばれるには

　顧客と交渉し、システム仕様をまとめることができるようになって初めて一人前と見なされます。経験年数よりは経験したプロジェクト数や実績が問われます。最新の知識やテクニックも必要ですが、膨大な量のプログラムを地道に作り上げる忍耐強さ、頻繁に起こる仕様変更や納期変更に臨機応変に対応してプログラムを作り上げていく柔軟さ、チーム作りやメンバーおよび開発自体のマネジメント、顧客やメンバーとのコミュニケーションスキル、トラブルの原因を究明する着眼点などが求められます。また、一人で開発を行う場合は、自身で複数の作業をこなさなければなりません。昨今のシステムは、ハードウェアやソフトウェア、ネットワーク、データベース、セキュリティなど広い範囲の知識が複合的に組み合わされて成り立っています。すべてを深いレベルまでカバーすることは困難ですが、得意分野を一つでも多く増やしていくことが信頼される技術者として生き残っていくために必要な策です。

人事の仕事

●仕事を始める前に

　人事の仕事とは、5つのカテゴリーに関する業務を行います。

①人事……人材評価・処遇、異動・配置転換

②給与……給与計算（賞与・年末調整も含む）

③労務……労使調整や労働安全衛生、社会保険手続、福利厚生など

④採用……正社員や臨時社員などの採用全般

⑤教育……人材育成（計画策定から研修企画・運営）

　そして、上記の業務以外に多くの庶務業務があります。

　このように、人事と一口に言ってもさまざまな業務があります。最初にどの業務につくかは、職場の方針や本人の適性により決まります。その後、一つの業務に専属となるか一通りの業務をこなすかは、実績と将来性を見て判断されます。特に学校で事前に学ぶ必要はありませんが、求められる素養としては、職場での決まりごとや法令などのルールに即した運用を遵守できること、そして論理的な思考ができることが挙げられます。

●給与計算は定型業務ではない

　まずは定型業務（ルーチンワーク）といわれる業務から始めます。その中の給与計算業務は、各部署から上がってくる従業員の勤怠情報や異動による人事情報を取りまとめることから始まります。

　具体的には、出勤日数、休暇日数、労働時間、残業時間、休日出勤の勤怠情報の他に入退社、転勤による住所変更、扶養家族の変化など1ヶ

月分の変更情報を取りまとめ、それらの更新作業を行います。記入間違いや内容に矛盾がないかなど、すべての項目をチェックします。そして、従業員名簿や賃金台帳への記入、コンピュータ内の人事データベースへの入力作業を一定の時期・期間内に行います。従業員数が多い会社では、毎日ひたすら入力・更新作業に追われることもあります。これらの情報は、個人情報かつ給与計算の基礎となるものなので、入力ミスは許されません。入力後に間違いがないかどうか入念に確認を行います。

その後、更新された情報を元に各従業員の給与計算を行います（会社によっては、外部の専門業者に給与計算業務を委託している場合もあります）。従業員の給与額自体は、社内の給与規定に従って算定されます。現在は、多くの会社で給与計算システムが導入され、支払額が自動で算出されます。

すべての従業員の給与計算が算出できたら、給与支払をまとめた総括表で総額をチェックします。ここで相違があった場合には、計算誤差を見つけるために、各従業員の支給・控除・勤怠カテゴリーのすべての項目について照合作業を行います。

そして、給与の振込手続きにおいては、実際に会社の資金を動かすことになるので、経理担当と伝票作成を行い、最終的に支払額、納付額、振込額を集計し、その整合性を確認します。この段階で不一致が出ると、どこかに計算ミスがあったことになり、その箇所を見つけ出さなければなりません。このような場合に、ミスの箇所を特定するコツをつかむことも一人前の要件になります。

最終的に金額に問題がなければ、給与振込データを期日までに金融機関に送信し、指定期日に各従業員の口座に振り込まれるように振込処理を行います。この送信作業も締切り日があるので、その日までに整合性を取らないと振込に間に合わないことになります。その後、給与明細書

を作成し、従業員全員に配布します。

　続いて、各従業員の給与から天引きした健康保険料、厚生年金保険料、雇用保険料、所得税や住民税等を支払い先に応じて集計し直して、支払い処理を行います。ここでも金額の差異がないか入念に確認を行います。

　このように見ていくと、給与計算業務は決まりきったフローのように思われますが、例えば雇用保険や社会保険に関する法律は随時改正されます。それによって処理の仕方も変わります。また、従業員全員に対して個別に対応する必要がある業務です。定型業務と言いながら、定型とは言えないのです。そして、毎月の給与計算の他に、賞与や年末調整事務を月次業務と並行して対処しなければなりません。

● センシティブな仕事

　従業員の給与を扱うということは、慎重さが必要とされる仕事です。周りの人からは厳しい目で見られ、1円でも間違えば当然クレームが出ます。怪しい金銭処理が行われていると疑われる可能性もあります。人件費の比重は組織の財源にも影響を及ぼすため、計算ミスは企業にとって命取りになります。小さなミスも積み重なれば大きな問題になります。従業員の個人情報（氏名、住所、連絡先、給与額、人事考課など）を扱う立場にあるため、職場内の管理以上に、自身に厳しくなければなりません。従業員の個人情報を外部に漏らすことはもってのほかです。不用意に口外すれば、懲戒処分に値します。非常に神経を擦り減らす、心労の多い仕事と言えます。

● 新卒採用だけではない

　通常、採用といえば正社員の採用を思い浮かべますが、採用業務は正社員だけの採用を行っているわけではありません。

例えば流通・販売系の業界の場合、各店舗で働くパートやアルバイトを臨時採用します。採用自体を店舗に任せることもありますが、定型的な新卒採用業務とは異なり、短期間に量的な作業が凝縮された業務になります。

　イベントや大量処理を必要とする事務手続きなどで短期的に人員が必要となった場合、その部署から人数や期間、スキル、経験などの条件とともに人員の調達依頼があります。当然、調達期日もあります。地域や仕事内容によって求人媒体や人材サービス会社を選定し、求人情報の掲載や人材調達を発注します。さらに、過去の勤務者やそこからの紹介先、さらに私的な人脈をたどるなどして人事部でも調達活動を行うこともあります。規模が大きければ採用人数も多いので、毎日朝から夜までこのような問合せ連絡をすることもあります。

　さらに、選考過程においては会場の準備や面接の実施、応募者への連絡通知、登録手続きまでの細々とした仕事を行います。また、調達した人材が仕事に適さないなどのクレームが出ることもあり、交代を要求されたときには、再度調達作業を行います。調達した人材の給与計算から基礎教育、相談の受付、職場環境改善のサポートなど、アフターフォローを行うこともあります。体力と柔軟性がないと務まりません。

●採用事務の仕事

　採用事務とは、入社時のあらゆる手続きを行うことで、新卒・中途に関わらず入社が決まれば行う業務です（一部、給与計算業務と重なる部分もあります）。具体的には、入社時に新入社員から手続きに必要な書類一式（年金手帳、雇用保険被保険証など）を提出してもらい、備置書類（労働者名簿、賃金台帳）を作成し、社会保険関係の公的な届出を期限内に行います。そして、新入社員に必要なもの（労働条件通知書、健

康保険証、名刺や身分証明書など）を渡します。その他、給与支払い手続きや健康診断、社内研修の用意をします。この一連の手続きを社員が入社するたびに行います。年間計画に基づく新卒採用の場合は、時期も決まった定型業務といえますが、中途採用の場合はいつ発生するかわかりません。

　また、社員が退職するときには、退職時の事務手続きを行わなければなりません。さらに本来の人事業務とは関係ありませんが、総務職と似たところがあり、専門業務の他に突発的な仕事を行うことがあります。例えば、災害や事故など緊急時に対策本部が部内に設置されて、所属要員がその業務に対応することになります。社内外へ向けて臨機応変に指示や広報発信などを行うこともあり、そのためマニュアルにはない予定外の行動や柔軟な思考を求められます。

● 一人前と呼ばれるには

　定型業務をすべてこなすことは最低条件ですが、労働基準法、雇用保険法、健康保険法、厚生年金保険法、税法などについて熟知し、常に最新情報をつかんでいないと実務で失敗することになります。

　人事は、読んで字のごとく「ひとごと」、つまり人に関わる仕事です。当然のことながら対人折衝が常に付いてきます。コミュニケーションがスムーズにできることも大事です。相手の気持ちを察するような気遣いや配慮、そして小さなミスも見逃さない集中力と慎重さを持っていないといけません。また、庶務と呼ばれる小さな仕事も数多く、並行して行わなければならないので、仕事のマネジメントができるかどうかも求められます。すべての定型業務を2～3年ぐらいの間で確実にこなせるようになることが見極めとなります。さらに定型業務を部下に任せて、管理・監督できるようになって初めて一人前と認められるでしょう。

経理の仕事

●仕事を始める前に

　経理は企業の取引、お金の入出金を見えるようにし、保有する資産を管理する仕事で、企業の運営を大きく左右します。商業系の勉強をしているとなじみやすいでしょう。ただし、直接もしくは間接的にお金を扱うので、数字や計算に抵抗感がないことはもとより、細かい作業を丁寧にやり抜く几帳面さが一番の条件になります。仕事には専門用語や法律が出てくるので、簿記の資格や経理・会計の知識が必要になります。

●簿記の資格

　簿記の資格はいくつかの団体が設けています。それぞれに特徴があり難易度も異なります。商業・工業など業種によっても経理処理が異なります。可能であれば、より上位の級の資格を取得することが望ましいでしょう。現在では、経理・会計ソフトを使えば、データを入力するだけですべて計算されて提出書類を作成できるので、まずはソフトの使い方を覚えることが必要となります。ただし、経理・会計ソフトは汎用的に作られているので、企業独自のやり方やルールを適用した場合、矛盾が出たり間違った解釈となる可能性があります。さらに管理業務も行うことを考えるのであれば、やはり簿記の知識と資格は必須となります。

●最初は小口現金

　一番わかりやすい仕事は小口現金管理の仕事です。少額の物品購入などの領収書での金銭処理を行い、出納帳に記入していきます。簡単に言

うと小遣い帳を記入することに近いです。お金の入出金額と残高、それらの変化を常に把握しておかなければなりません。月次処理として、定期的に保有現金と出入りのつじつまが合っているかの確認処理を行います。その他に、従業員の出張旅費仮払いや清算処理などの少額の現金処理を行います。

●伝票発行から仕分け、決算書作成まで

　次に企業の売買取引である掛取引（後払い取引）のための発注、請求などの伝票発行を行うようになります。各事業を行う部署からさまざまな発行依頼があがってきて、扱う金額も大きくなっていきます。それから取引が発生するたびに、出入りするお金の用途に応じて項目別（勘定科目）に分けていく作業（仕訳）を行います。同時に伝票作成（入金、出金、振替）を行い、各種帳簿に記入していきます。そして、月次処理として分けられた科目単位に集計して間違いがないか確認を行います。帳簿と現金は常に一致しておかなければなりません。これらを経理・会計ソフトに入力し、期末の決算書を作成します。

●お金を管理する仕事

　企業では事業別に年間の予算を取り決め、その予算を使って活動します。その進捗状況や残高を管理するのも経理の仕事です。資金がなければ事業を続けることはできないので、残高には常に注意しなければなりません。また残高の状況によっては見直しをしなければならない場合もあり、そのための補正予算を組むことになります。同様に企業の資産（資本と負債）を管理する業務もあります。これは、日々の取引を見る経理の仕事というより、企業の持つ資金の管理をする「財務」の仕事になってきます。企業規模によっては、経理と財務の部署が別になっています。

ここまで述べた仕事は経理業務全体のほんの一部に過ぎません。小口現金取り扱い以外にも、支払い業務・入金管理などの資金を動かす業務があり、金融機関と企業の窓口としての役割を担います。

●定型処理上の留意点
　経理システムの導入により定型処理の部分は大変簡易化されていますが、トラブルは発生します。経理・会計ソフトを使う場合、入力ミスによって集計が実際と異なることも起こります。その場合は、帳簿とつき合わせて何が間違っているのか原因を突き止めなければなりません。そうなった場合には、取引と科目の割り付けを知っていないと間違いをたどることができません。そのためにも経理知識と資金の紐付けルールを把握しておく必要があるのです。それは、経理・会計ソフトでは解決できないことです。そして、仕訳をする場合も、勘定科目はいくつもあり、その意味と資金の流れを理解していないと振り分けることができません。科目一つひとつに当てはまる取引は、既定のものとその企業固有のものとがあり、固有のものは覚えておかなければなりません。
　また、金額もさることながら「いつお金が動いたのか？」という取引の発生が経理の元となるため、その日付も間違いがないようにしなければなりません。このように、どんなに小さくても相違は許されず、細かいところまで目が行き届き、何事にも慎重に取り組む姿勢をもたなければなりません。

●日々の勉強も大事
　専門性のある仕事のため、経理の勉強は必要です。さらに税務処理まで行うようになれば、関係する法令改正も把握しなければなりません。そのため各種団体が開催する税務処理勉強会などに積極的に参加して

数々の改正を素早くキャッチアップする努力も必要です。定型処理のみの担当であっても、次の処理担当者とのやりとりで経理知識がなければ話が通じないことがあります。そのためにも日々の勉強は怠らないことです。

●専門と兼務

　企業や職場の規模にもよりますが、経理職は、その業務専門として、もしくは他業務との兼務で仕事につくことになります。経理部を独立して配置させる場合や総務部の中に担当者を置く場合があります。さらに、小口現金、伝票発行や仕訳など業務別に担当を置く場合もあります。他の業務と兼務する場合は、経理処理の年間スケジュール（月次などの定型処理も含む）を十分に把握しておき、時期的な繁忙・閑散を見極めて他業務と重複しないように配分調整をするようにしましょう。

●一人前と呼ばれるには

　経理の仕事は、定型処理の部分と取引を管理する部分に業務が分かれており、それぞれ求められるものが違います。定型処理では、計算が素早くできること、計算ミスがないことは当然です。そして、入出金処理、仕訳、伝票発行、月次集計等の定型業務を一通り間違いなくこなすには3～4年はかかるといわれています。決算から税務処理までになるとさらに数年かかります。一人前として認められるためには、いくつもの取引タイミングと金額の推移を把握して、矛盾がないように取引を調整する能力が求められます。例えば「入金がなければ支払いはできない」という基本的な考えに基づき、入金予定日と支払日のスケジュールとその金額を同時に考えながら、請求と発注を行ったりすることです。要するに、お金の流れ全体を見渡せるようになることが一人前の条件です。

コールセンターの仕事

●仕事を始める前に

　コールセンターとは、企業で顧客への対応業務を専門に行う部署です。消費財メーカーや通信販売事業者、インターネット接続業者などが大規模な電話応対センターを設けて、一般消費者や利用者からの問合せに対応しています。他にもコールセンター業務運営を請け負ったり、テレマーケティングサービスを提供したりする会社もあります。

　この仕事は、特段の経験は必要としませんが、顧客とのやりとり、コミュニケーションをとる仕事なので、社交性を持って顧客と接することができるかが求められます。

●受信と発信業務

　基本の仕事として、単純な商品の注文受付や苦情対応が主な業務で、顧客からの電話を受ける受信業務（インバウンド）とオペレータから顧客に電話をかける発信業務（アウトバウンド）の二つに分かれます。受信業務では商品の注文問合せ、通信料など各種料金の請求に関する問合せ、クレジットカード利用明細の問合せ、送付先の変更や紛失に関する問合せ、パソコンや電気製品の使用方法に関する問合せ等、さまざまな対応を行っています。発信業務は利用料金の支払確認や未納料金の督促、あるいは商品の案内や勧誘などがあります。

●勤務の実情

　仕事を始める前に行う研修は、会社により方法も期間も異なります

が、一般的には数日から数週間の集合研修、その後配属先でOJT訓練を受けます。言葉遣いや対話手順はもちろんのこと、問合せ内容に応じて提供する情報を検索したり、応対記録を残したりするための端末操作方法も覚えることになります。

　コールセンター業務のメリットは、未経験でも開始できること、短時間勤務が可能であること、決まった時間に終了して残業が発生しないことです。デメリットは、顧客応対に関して得手不得手がはっきり出ることです。またシフト制の勤務もあり、短時間勤務ならば時間帯を決めて働くことができますが、正社員となると、日勤・夜勤が週交替であったり、深夜勤務になる場合もあり、体力的な負担を抱えることになります。どちらかというと学生、資格取得のための勉強をしている人、主婦など、短時間だけ働きたい人に向いている職種です。

●受信業務

　取り扱うサービスと顧客層により、オペレータに求められる知識やスキルは異なります。例えば、IT関係でパソコンやプロバイダのユーザーサポートを行う業務では、パソコン操作などのユーザーの問合せに対応します。パソコン操作のように目的のわかっている内容に対しては、ITに関する豊富な知識があれば、パソコン操作に不慣れな顧客に操作方法を伝えることができるでしょう。

　しかし、一般的に発信より受信の顧客対応の方が難しいといわれています。発信の場合は顧客データに基づいて電話をかけますが、受信は相手が不特定多数で内容も多岐にわたり、一律では対応できないため、難易度が高くなります。問合せの内容や意図を間違いなく聞き出さなければならず、聞き取りミスによってはクレームにつながる可能性もあります。

●発信業務

　発信業務は、比較的定型的な、マニュアル通りのトークで対応できます。ただし、支払案内の業務からもう一歩進んで料金の督促業務となると、質問に対して誠実に答えてくれる顧客ばかりではありません。不誠実な顧客との対応は、発達障害を持つ人にとってはストレスになるかもしれません。コールセンターにおける電話応対業務は、顔が見えない顧客に速やかに対応しなければなりません。また、クレーム処理は会社を代表して顧客に対応しなければならない責任の重い業務のため、向き不向きがあります。さまざまなタイプの顧客がいるので、自分のせいでなくとも怒られることがあるかもしれません。顧客に怒られることがどうにも耐えられない人には適していない業務と言えるでしょう。また、想定していない問合せをされることもあるので、パニックにならずに冷静に対応することが望まれます。どちらの業務にしても、明るく好感度の高い応対が大切です。

●スーパーバイザーという仕事

　オペレータとしての経験を十分に積んだ後は、スーパーバイザー（以下、SV）というオペレータを管理する立場になります。コールセンターの規模にもよりますが、オペレータ10～20人に1人の割合で配置されることが多いようです。SVの仕事としては、業務進捗管理（受信業務では応答率、発信業務では完了率・獲得率などの数値管理）、オペレータの出勤等の管理、クレーム処理などがあります。クレーム処理は経験と冷静な対応が要求される重要な業務ですが、顧客がオペレータの説明に納得せずに責任者を要求した場合はSVが対応します。

　SVになるために求められるものは、常に事例を研究し、問題を分析し、問題解決を図る努力を惜しまず、どんな顧客に対しても常に冷静に対応

できることです。また、複数のオペレータを統括しなければならない立場となるため、臨機応変な指示・対応ができないと業務が滞ってしまいます。

● オペレータ業務だけではない

　コールセンターには、オペレータ業務以外の仕事もあります。コールセンターには多くの場合、顧客データベースが整備されており、電話応対結果をそれに反映させ、マーケティング戦略に活用しています。その入力作業が膨大に発生するほか、それらの集計・作表作業や解析処理業務もあります。オペレータの研修を行う研修業務もあります。さらにPBX（構内交換機）やサーバー、オペレータ用端末、IVR（音声応答装置）などを備えるなど、システム構築に負担がかかるため、コールセンターの構築に携わるSEも協働しています。コールセンター運営会社であれば、企業にコールセンターの運営の請負を提案する営業業務もあるでしょう。

● 一人前と呼ばれるには

　オペレータとしてさまざまな事例を経験して、一人前になるには1〜2年かかります。電話の先にいる顧客の声を聞くこと、相手の意図を理解すること、正しく話し伝えることが、オペレータとして意識しなければならないことです。顧客との対応では質が最も重点を置かれる一方、的確に最小限の対処で手早く完結させる量的な部分も成果として問われます。その後、数年経験を積むとSVとして活躍することになりますが、管理職としての役割が大きくなり、より責任感を求められます。ただ前述の通り、コールセンターには周辺業務が多いので、オペレータやSV以外でもさまざまな適職が見つかる可能性もあります。

親の会「たつの子」の取組み

兵庫県LD親の会「たつの子」　**高妻富子**

　私の娘は2006年に短大を卒業し、現在はある企業の特例子会社に就労して5年目になります。2歳の頃に、医療機関で「微細脳損傷」「軽度発達遅滞」の疑いがあると診断され、早期に発達上の問題が判明しながらも療育などの対応はなく、「様子を見ていきましょう」ということだけでした。当時は「発達障害」や「LD」という言葉は使われておらず、その後「学習障害児およびその周辺の子どもたち」のことが新聞やテレビなどで報道されはじめました。しかし、まだまだ情報は乏しく、教育現場においてもその言葉すら知らない先生がほとんどだったため、小学生の頃は、担任の先生が変わるたびに子どもの特性を説明して理解や配慮を求めました。そのような中、兵庫県LD親の会「たつの子」との出会いがあり、私にとって子育ての大きな支えとなりました。

◎ たつの子の活動について

　兵庫県LD親の会「たつの子」は、LD、ADHD、アスペルガー症候群、高機能自閉症、広汎性発達障害、軽度知的障害などの発達障害のある子どもを持つ親の会として1990年に発足し、設立20周年を迎えました。同会は、子どもたちの自立を目指して、本当に必要な教育・社会を求めて、親が学び、社会への啓発や理解と支援を求めて活動しています。そして、学校や社会の中で「本人たちは何に困っているのか」「どのような支援が必要なのか」「現状はどうなのか」などについて当事者団体として声をあげ、発達障害のある人の置かれる環境が少しで

も改善されることを願っています。

　会員数（2011年現在）は、3歳の幼児から30歳代の成人の当事者の保護者約300名、および会の活動に賛同する親以外の賛助者で構成されています。そのうち高校を卒業した18歳以上の青年は70名で、高校生の数も含めると会員の約1/3近くが将来の就職や自立について課題を抱えています。2010年4月時点での所属調査では、大学・短大24％、障害枠就労（週3日以上）24％、一般就労（週3日以上）12％、在宅18％、その他は就労移行支援事業所などとなっています。

　また、新規入会員の年齢層は小・中学生が多くを占める一方、最近では青年・成人期での入会が増えてきている傾向にあります。これは、未診断のまま成人を迎えた人、もしくは大学に進学し、就職を目前にしてはじめて問題が顕在化した人が、就職活動に不安を感じているものと思われます。そのため、「たつの子」の青年部の活動では、自立と就労に向けての勉強会の開催や援助施設（能力開発校、障害者職業センター、就労移行支援事業所など）の見学を行っています。

◎ 就業体験を通して

　私の娘は、短大在学中に就業体験をする機会を得ました。実習先は特例子会社で、そこで働いている社員のほとんどは障害のある人でした。正確に早く仕事をこなし、障害があることなど感じさせない方々の姿を見た娘は、とても驚いたようです。本人がそれまで抱いていた障害者のイメージが崩れ、働くうえで自分ができないことを理解し、さらに実習先の企業からの職業評価によって今後の課題が明確になりました。そして、その後に療育手帳を取得するきっかけにもなりました。また、就職活動も一般採用枠と障害者採用枠の両方で進めていく中で、最終的には「働き続けるためには特性を理解してもらう方が重

要だ」と考えるようになり、本人自身が障害者枠で就労することを決めました。

◎ 兵庫県の『障害者しごと体験事業』

　発達障害のある高校生や大学生が、企業実習などの就業体験を受ける機会がとても少ないなか、兵庫県では2009年4月から『障害者しごと体験事業』がスタートしました。この事業は、障害者の職場体験（職場見学や就労体験活動など）の機会の拡大と支援の充実・強化を図ることを目的に、企業と直接交流できるきっかけづくりとして実施されているものです。

　当初の実施対象は福祉施設や特別支援学校となっていましたが、通常の学校に在籍している発達障害のある生徒たちの多くが、就業体験をしていない実態を踏まえ、会として交渉した結果、「たつの子」も一団体として体験できることになりました。現在では、高校・大学生たちが夏休みなどを利用して、民間企業で5日間ほどの就業体験や職場見学に参加しています。参加者からは「仕事をするうえであいさつは重要だと感じた」「仕事の大変さがよくわかった。他の職場でも働いてみたい」などの報告を受けています。

　アルバイトの経験も少ない中で、在学中に就業体験をすることは、「働くこと」へのイメージを持つことができ、社会に出る準備段階で自分にとっての課題や職業との関わり、進路選択を考える貴重な体験と言えます。また、この事業の体験受入登録事業所は100社を超えており、職種や自分の適性を知るうえでもとても有効だと思います。企業にも発達障害を知ってもらう、よい機会になります。しかし、このような就業体験プログラムは実習先企業からの報酬がないため、親は体験させたいと思っても、本人が参加したがらないケースも見受けられます。

◎「働く」ために必要なこと

　娘は短大卒業後すぐには就職に結びつかなかったため、就職するまでの1年間は障害者職業センターで職業評価や職業準備支援のトレーニングを受け、その次に就労移行支援事業所で一般企業への就職を目指して就労訓練を行いました。この時期は親も就職へのハードルの高さを感じましたが、支援してもらう機関とつながって、本人の周りに支援者を増やすいい機会と捉えることで不安が解消されました。その後、障害者の合同面接会で運よく本人が希望していたパソコンを活用した業務での就職が決まりました。

　これまでの経験や親の会の活動から学んだことは、社会人になる前にさまざまな力を身につけておくことが大事であるということです。

　まず基本的なこととして、あいさつができる、遅刻や欠勤をしない、健康管理ができる、金銭管理ができるなどが挙げられます。あいさつでは「ありがとう」「ごめんなさい」が言えることはとても大切です。これらは日常生活の中で早い段階から意識させることができるという意味では、親の役割が大きいと思います。また、身だしなみや食事のマナー、周りに合わせる力も対人関係をつくるうえで大切だと思います。学校の授業とは違い、仕事は連続した長時間の作業となるため集中して取り組むことができる体力と精神力も必要になります。このような就労のための準備は、学校に在籍している間から積み重ねておくこと、そして自己理解を深め、「働きたい」という気持ちをいかに育てるかということが重要だと思います。

　働くイメージを持たないまま社会に出たとしても、もちろん就労によって大きく成長することもあるかもしれません。しかしながら、就労への移行期に「働く」という体験を通して、自分の「できること」「できないこと」を知っておくことはやはり大切です。頭ではわかってい

るつもりでも、実際に体験すると違うこともあり、逆に実践の中から"関心"や"意欲"が生まれることもあります。できない場面では、自らが支援を求めることができるか、それをカバーする方法を身につけているか、失敗した思いを引きずらないか、などが課題になります。また困った事態が起こったときには、一緒に考えてくれる人や相談できる人がいること、そのような機関を持っていることが継続して働くうえでの支援になると思います。

◎ 今後の課題

　発達障害のある人への支援は着実に進んできましたが、社会の中で働いて、自立した生活を送る環境を作るにはまだまだ時間がかかります。発達障害に対する理解や支援が広がり、どこに住んでいても地域の中でいきいきと安心して暮らしていくことができる社会になることを願ってやみません。今後の会の活動においても就労や自立の問題は、発達障害のある当事者の社会生活を応援できるように、取組んでいかなくてはならない大きな課題です。そしてまた、子どもを支えている保護者自身も精神的に安定して、いきいきと暮らしていくことが大事だと思います。

おわりに

　これまで、発達障害を持つ方々と直接お会いしてお話をしたり、メールのやりとりをするなどして、多くの交流を続けてきました。それを通して、知的能力、言語能力ともに高くとも社会で息苦しさを感じている方、あるいは職場で周囲の人とうまくコミュニケーションをとることが苦手で困っている方がたくさんいることを知りました。一貫して感じていたことは、皆さんが正直で手を抜くことができず、それゆえに職場でうまくやっていくことに不得意さを感じているということです。

　本書を読んで、「こんな、とてつもなく難しいことは無理！」「ハードルが高すぎる！」と思う方が多いだろうということは想像しています。しかし、たとえ難しいことでも知っておいて欲しいと思い、あえて一冊の本にしました。それは皆さんを知るにつれ、歩みは遅くとも、決してあきらめずに目標を目指し、努力を続けられる方が多いと思っているからです。また、独学でコツコツと学んでいく方が多いので、考え方や行動の理由が文章で明確化されていれば、知識として吸収していくことができると確信しているからです。物事を瞬間的に感じ取ることが苦手な方は、一つ一つを言葉に置き換えて知識として積み上げる必要がありますが、断片的な知識はモザイクのようにつながり、全体としての役割を果たすことができるのではないでしょうか。

　障害のあるなしに関わらず、新卒や就労経験のない人は職場でどのように行動したらよいか、わからなくて当然です。なかには、要領よく仕事を覚えていける人もいるかもしれませんが、発達障害の特性からなか

なか仕事を覚えられなくて途方に暮れる人、職場のルールが分からない人も出てくるに違いありません。仕事がうまくいっているときにはこの本を開く必要はありません。この本は職場でうまくいかなかったとき、自分でどのように対処したらいいかわからないときのガイドブックとして使っていただきたいと思っています。

　私たちが望む将来は、発達障害を持つ皆さんも、モチベーションを持って活躍できる社会です。皆さんが持つ能力を最大限に活かし、働くことのできる社会を創るには、皆さんと社会の双方の半歩ずつの努力が必要です。そのために、皆さんも「自分を知ろう」「相手を知ろう」と意識することを忘れないようにしてください。このように意識することにより、お互いが少しずつ歩み寄っていくことができます。私たちは、皆さんが「なぜそれが必要か」という理由さえ分かれば、いとも素直に取り入れ、目標に向かって進んでいけると信じています。新しいことへのチャレンジも、問題の解決も、"知る"ことから始まります。この本が皆さんのさらなる成長と活躍のための第一歩となることを願ってやみません。そして、教育・医療の現場だけでなく、雇用の現場でも双方の理解が進んでいくことを強く願っています。

　最後に、依頼したテーマで快くコラムを執筆してくださった方、多忙ななか長時間にわたるヒアリングを受けてくださった方、皆様のご協力により、本書は多角的な視点と実務面での奥行きを兼ね備えることができましたことを心より感謝いたします。

石井　京子

池嶋　貫二

著者

石井京子
テスコ・プレミアムサーチ株式会社　代表取締役社長
一般社団法人日本雇用環境整備機構　理事長
上智大学外国語学部英語学科卒業。通信会社、大手人材派遣会社を経て、2008年にテスコ・プレミアムサーチ株式会社を設立。数多くの企業へ障害者雇用に関するコンサルティングサービスを提供するほか、障害や難病を持つ方の就労支援に対応し、発達障害を持つ方の就労に関する原稿執筆やセミナー・講演の講師を務める。

池嶋貫二
セットパワード・アソシエイツ　代表
一般社団法人日本雇用環境整備機構　理事
大学卒業後、システムソリューション企業でシステム設計・開発業務などに従事した後、大手人材派遣会社を経て、2009年にセットパワード・アソシエイツ合同会社を設立。発達障害者への就活個別指導、支援者・保護者・学校向け支援講座、企業の障害者雇用コンサルティングサービスを提供する。

コラム執筆者（掲載順）

佐藤貴紀
（元）NPO法人翔和学園　進路指導担当
発達障害を抱えた人、不登校やひきこもりの経験がある人、人間関係やコミュニケーションに不安のある人を対象として、「社会性を学び、集団の中で生きる力を身につける」ための特別支援教育を行うNPO法人翔和学園で、社会に出るための最終段階となる進路指導を担当。

長田じゅん子
NPO法人 北海道学習障害児・者親の会クローバー
学習障害（LD）など軽度発達障害の子どもを持つ親たちによって、北

海道を基盤に 1987 年に発足。子どもと親同士が出会い、ともに学習し情報交換することで支え合う場を提供する。教育・社会への理解・啓発を求めるための働きかけなど、発達障害者が生きやすい社会の実現を求めて活動する。

冠地 情(かんち じょう)
東京都成人発達障害当事者会
「Communication Community・イイトコサガシ」主宰
成人の発達障害当事者のコミュニケーション能力を向上させるためのワークショップ・茶話会を全国各地で開催。当事者の居場所作りを兼ねながら、"コミュニケーションの上達には、まず場数を踏むこと" という考えのもと、自己肯定感を保ちつつ、コミュニケーションの経験を積む場を提供する。

村上由美
Voice manage 代表／言語聴覚士
上智大学文学部心理学科、国立身体障害者リハビリテーションセンター学院聴能言語専門職員養成課程卒業。幼少時、自閉症の可能性を指摘され、心理士や母親の療育を受けて育つ。総合病院での就労後、重症心身障害児施設で言語聴覚療法や発達相談などに携わり、現在は声に関するセミナーや研修の講師、自治体の発育・発達相談、講演活動などで活躍。

高妻富子
兵庫県 LD 親の会たつの子
1990 年設立、兵庫県を中心に活動している発達障害児（者）の親の会。発達障害のある子どもたちの自立を目指して、本当に必要な教育・社会を求めて、親が学び、社会への啓発や理解と支援を求める活動を続ける。発達障害に関する講演会や自立と就労に向けての勉強会など、啓発活動を活発に行う。

編集協力：渡辺彩子

人材紹介のプロが教える
発達障害の人のビジネススキル講座

2011（平成23）年7月15日　初版1刷発行
2016（平成28）年8月30日　同　4刷発行

著　者　石井京子・池嶋貫二
発行者　鯉渕友南
発行所　株式会社　弘文堂　101-0062　東京都千代田区神田駿河台1の7
　　　　　　　　　　　　　TEL03(3294)4801　　振替00120-6-53909
　　　　　　　　　　　　　http://www.koubundou.co.jp

装幀・本文デザイン　日高祐也
印　刷　大盛印刷
製　本　井上製本所

© 2011 Kyoko Ishii, Kanji Ikeshima. Printed in Japan.

JCOPY　<(社)出版者著作権管理機構　委託出版物>
本書の無断複写は著作権法上での例外を除き禁じられています。複写される場合は、
そのつど事前に、出版者著作権管理機構（電話 03-3513-6969、FAX 03-3513-6979、
e-mail : info@jcopy.or.jp）の許諾を得てください。
また本書を代行業者等の第三者に依頼してスキャンやデジタル化することは、たとえ
個人や家庭内での利用であっても一切認められておりません。

ISBN978-4-335-65150-2